WO DE QIYE
WO DE JIA

我的企业
我的家

王　超◎著

北京工业大学出版社

图书在版编目（CIP）数据

我的企业我的家／王超著. —北京：北京工业大学出版社，2014.1
ISBN 978-7-5639-3727-1

Ⅰ. ①我… Ⅱ. ①王… Ⅲ. ①企业管理 Ⅳ. ①F270

中国版本图书馆CIP数据核字（2013）第293802号

我的企业我的家

著　　者：王　超
责任编辑：刘学宽
封面设计：国风设计
出版发行：北京工业大学出版社
（北京市朝阳区平乐园100号　邮编：100124）
010-67391722（传真）　bgdcbs@sina.com
出 版 人：郝　勇
经销单位：全国各地新华书店
承印单位：三河市九洲财鑫印刷有限公司
开　　本：787毫米×1092毫米　1/16
印　　张：15
字　　数：182千字
版　　次：2014年1月第1版
印　　次：2014年1月第1次印刷
标准书号：ISBN 978-7-5639-3727-1
定　　价：28.00元

前　言

怎样才叫作把企业当成家？我们可以回想一下自己对家的感觉，想想自己可以为家做些什么。答案很简单，家是我们心灵的港湾，越是困难的时候我们越对家充满依赖和信任，无论艰难困苦，我们都会为家坚守，不惜付出我们的一切。所以，把企业当成家就是能够把自己全部的精力和资源都投入到工作中，为企业的发展贡献出自己所有的力量。

作为员工，很多人都认为自己所在企业的管理存在问题，不是太严厉就是太苛刻；还有很多人认为老板小气，领导霸道……这就是几乎所有企业都存在的管理者与被管理者之间的矛盾。自古以来，几乎无人能解。原因很简单，一般人都想多拿钱少干活，行动自由。但是，如果我们换一个角度来看待，一切都会豁然开朗。

我们不妨回想一下小时候被父母管的感觉。我们调皮、叛逆、顶嘴，总觉得父母对自己管得太严，最渴望的就是自由，希望父母“别管我”。然而，等到我们长大，自己做了父母之后，承担起了家庭的责任，就会发觉家长难当。对孩子管得松了，怕他们闯祸难成才；管得严了，会换来他们的反感。每个父母对自己的孩子都怀着一颗慈爱的心，却不得不狠心地管他，只为他们能够早日成才！

其实，企业也是一个大家庭，老板就是这个大家庭中的家长，员工就是家中的孩子，严格的管理、苛刻的制度也只是为了让孩子能够在企业中获得成长，得到最大的利益。任何一个能够把企业当成家的员工必然都能够理解老板的一片苦心，并愿意为企业的发展贡献出全部的力量，和企业共进退。

把企业当成家是一种与企业血肉相连、命运相系的感觉，是用心做好每一件事、热情面对每一个客户的工作状态。这其中固然有忠诚、奉献的一面，但在为企业带来正面帮助的同时，也为自己输入了正能量。这不仅积累了丰富的工作经验，提升了工作能力，还使自己的精神气质保持在一种积极热情的状态下，这才是真正“属于自己”的终生财富！

一个把企业当成家的员工，从本质上来说，他们具有一种超凡的品质和一种最高级的人生信仰！他们能够把工作当事业，视事业为己任，关心、爱护企业的一切，尽心尽力地维护企业的一切利益。如果企业中每一个员工都能够把企业当成家，把企业中的事当作自己家的事来做的话，企业就会形成强大的凝聚力和竞争力，从而产生巨大的影响力，激发每个人带着强烈的责任心去思考、执行每一件事。对于这样的一个团队，每个人都像家的主人一样，认真负责、积极热情，无论走到哪里，都能在竞争中立于不败之地。

本书从企业是员工安身立命的平台所在切入，分十章深入浅出地阐述了“把企业当成家”对员工自身发展的重要作用，以及在实际工作中应该怎样做才算是“把企业当成家”。本书凝聚了作者多年的培训经验和心血，语言通俗易懂，娓娓道来，同时结合经典、真实的案例，让读者在轻松的氛围中感受到“把企业当成家”的能量，激发出读者内在的感恩之情，从而提升读者对企业的责任心和忠诚感，是企业员工培训以及员工自我提升的最佳读本！

目 录

第一章　以企业为家，安身立命

中国人都有浓厚的家庭观念，家能牵动每一个人的神经。现代企业作为员工实现理想的平台，同样是员工的家。以企业为家，全身心地付出，员工就能够在工作中快速成长，进而凭借自己的能力和身后的企业，在社会中争得一席之地。

第二章　子不嫌母丑，把问题当成机会

俗话说，“子不嫌母丑，狗不嫌家贫”。作为企业的一员，对于给了我们生存平台的企业，无论它存在怎样的问题，我们都不应该嫌弃，甚至背弃，而应该把问题当成机会，在推动企业发展的同时，让自己拥有更高的平台。

第三章　扎根企业，在历练中成长

没有员工一点一滴的奉献，就不会有企业的辉煌成就；没有企业提供的舞台和机会，就不会有员工的华丽演出。员工只有扎根企业，做好自己的分内事，在工作中不断地历练自己，才能获得更好的发展。无论什么样的企业、工作，无论顺境还是逆境，只要脚踏实地，就一定会有“一分耕耘一分收获”的喜悦。

第四章　家有家规，有序方能安稳和谐

孟子说：“不以规矩，无以成方圆。”自古以来，每个家庭都有它独特的家规。这些规矩成为家庭的灵魂，烙刻在每个家庭成员的心头，成为促进其家族发展的根本。

对于企业这个大家庭来说，制度和纪律同样是其稳定发展的根本。员工只有严格执行，才能保证企业高效运转，有效推动企业的发展。

第五章 有礼有节，成为高素质员工

所谓“有礼有节”，通俗点讲就是有礼貌、懂人情、知世故、识大体、明伦理。一个彬彬有礼、注重形象、不树敌、有教养的人无疑会事事顺利，更容易取得事业上的成功！

第六章　互助互爱，凝聚力就是战斗力

从古至今，任何时代都有英雄，他们的成功都不是依靠个人的力量就能获得的。需要战士们英勇拼杀；需要各个部门管理者和普通员工兢兢业业地付出。英雄虽有过人之处，但也必须通过团队的力量才能获得真正的成功！

第七章　善于创新，和团队一起进步

杰克·韦尔奇说："变革是永恒的，管理人员和员工不仅要学会忍受它，更要学会欢迎它。"不管是一个企业还是一个人，只有持续不断地创新，才能保持旺盛的生命力和活力，才能拥有强大的战斗力和竞争力。一个创新型的团队是企业的创造力之源，能够使企业在竞争中永远立于不败之地！

第八章　永不放弃，点燃团队激情

每个人心中都有坚忍不拔、坚持到底的正能量。它来自于我们的内心深处，关键在于我们到底是不是积极的、乐观的、坚强的，跟别人没有太大的关系。外界环境对它也没有太大影响，关键在于自己的内心。然而，这种来自内心的力量却有着强大的魔力，能够感染我们身边的每一个人，点燃整个团队的工作激情！

第九章　把客户当成家人，用爱心维护企业

我国的传统文化是一种伦理文化，特别注重家庭关系、人际关系，并且主张依靠亲情来联络成员、稳定秩序、传承家业、教育子弟。企业要想赢得客户的信赖与忠诚，就必须依靠其员工把客户当成家人一样去关心、爱护。

第十章　营造家的氛围，凝聚人的力量

企业要想留住人才，形成强大的凝聚力，就必须懂得感情投资，让员工把企业当成自己的家，把工作当成自己的事业！每个员工都需要来自企业的关爱，员工也只有从企业的温暖中才能提升自我的满意度。营造一个家一般温暖和关爱的企业氛围，是给予员工良好的工作环境，给予员工足够的工作支持，使员工安心工作、忠诚企业的重要前提。

第一章　以企业为家，安身立命

中国人都有浓厚的家庭观念，家能牵动每一个人的神经。现代企业作为员工实现理想的平台，同样是员工的家。以企业为家，全身心地付出，员工就能够在工作中快速成长，进而凭借自己的能力和身后的企业，在社会中争得一席之地。

中国企业离不开家文化

“家”对中国人来说，有着特殊的意义。从家庭到家族，从家族到国家，从小家到大家，中国人以“家”为纽带，安身立命，世代传承。

在中华文明中有着举足轻重地位的儒家文化强调“修身齐家治国平天下”，认为只有先管理好自己的家和家庭的人才能做好更大的事情。所谓“齐家”就是结婚生子，承担起父母子女的角色，遵守家庭的规范，做到“父慈子孝”，即父母对子女要慈爱、关怀，子女对父母要孝顺、忠诚。

俗话说，“家和万事兴”。只有做到“父慈子孝”，才能规范好家庭成员之间的关系，才能使大家和睦相处，整个家族才会兴旺发达。归根究底，“父慈子孝”实际上强调的就是凝聚力的问题，而“家文化”实际上就是团队文化。

其实，企业就是一个大家庭，老板就是家长，各级管理者就是不同级别的长辈。家庭成员之间凝聚力的强弱决定了企业能走多远。要想提升企业的凝聚力，就必须使其成员之间建立一种相互信任、团结互助的亲密的“家庭”关系，在企业中建立一种

"家文化"。

相对于其他民族来说，中国人是最重感情的，对家的眷恋也最强烈。然而，随着知识经济时代的高速发展，现代人把生命中的大部分时间都用在了工作上，能够享受家庭温暖的时间越来越少。如果企业能够为员工提供一个和谐、平等、信任、温暖的工作环境，营造一种"家"的氛围，满足他们对家庭情感的需要，而不是单纯地要求他们机械地完成任务，相信员工会更加忠诚于企业。

潘洁是一个心地特别善良的女孩。她之前公司的部门领导，借她的身份证办信用卡套现，欠下了银行两万多块钱，然后就逃之夭夭了，再也没了消息。银行找不到套现的人，就让潘洁承担所有的责任。

那时候，潘洁刚来巨思特公司不久，销售业绩也很一般，她又是一个性格内向的女孩，所有的事情只能自己默默承受，从此变得更加沉默寡言，业务也下滑了。在一次月末的业务分享交流会上，王敏老师知道了这件事，带头捐款5000元，并号召大家解囊相助。就这样不少的同事为潘洁凑钱，最让大家感动的是有一个叫全秀勇的同事，刚来公司没两天，一听说这件事，立马就把钱包里全部的现金1000元给了潘洁，场面非常感人。

全秀勇是广东人，普通话说得不标准，做销售很难，而且他刚毕业，一个人从广东来到北京，举目无亲，仍然拿出了1000元帮助潘洁。事后有人问秀勇："你当时为什么会拿1000元？"他说："我在这里，真的体会到了家的感觉，我愿意为这个家付出一切。帮助同伴摆脱困境是我们每一个巨思特人的责任，最重要的是能够让潘洁感受到我们这个大家庭的温暖，摆脱沉重的心理包袱，全力以赴地去工作。"就是这些勇于承担、彼此信赖、包容和照顾的同事们，构成了巨思特独一无二的"家文化"。

人人好公，则天下太平；人人营私，则天下大乱。“家文化”具有灵活性和内向性，强调一种非制度的执行文化。在中国企业内实行“家文化”，更加适合中国人关系为先、感情为先的思维模式。在企业初创阶段和中小企业内，“家文化”对增强企业凝聚力十分有效；而对大企业来讲，家文化则有更深的含义。一方面大企业由小团队构成，一个个层级就相当于一个个家庭。另一方面整个企业构成了一个大家庭，每个成员都是大家庭的一分子，有责任有义务为企业的永续经营献计献策。

走进巨思特公司，你会发现他们有一项特别温馨的文化——天使文化。每个人都有真心帮助自己的天使，同时每个人也都是帮助别人的天使。

在巨思特的团队内部有很多小小的约定。比如感恩，得到对方帮助，都要马上道一声“非常感谢”；反之，如果自己没做好，都要马上道一声“非常抱歉”。在巨思特有一句大家最常说的话：高官不如高薪，高薪不如高寿，高寿不如高兴。

“家文化”的根本意义在于把企业构建成和谐的大家庭，使企业与员工实现和谐的平衡。正如“品牌金手指”麦奎尔所说：“优秀的企业领导者是用情感、心灵来管理企业的。”一个好的企业应该注重“家文化”的建设，培养员工“以企业为家”的意识，给予员工“家”的温暖，使员工在企业中有足够的安全感和归属感，让员工心中充满爱。

“家文化”的内涵主要体现在“家和”上，目的是营造一种企业和员工之间以及员工和员工之间和睦、互助、共进的和谐氛围。“家和”既强调尊重人的个性，又强调人与人之间的和谐。对于企业来说，“家和”就是使企业形成团结、凝聚、协调的整体。内和才能外顺。企业内部和谐共进有利于企业适应不断变化的内外部环境，在激烈的市场竞争中立于不败之地。

"家文化"是中华民族五千年文明培育的中国式管理智慧，在今天仍然具有非常重要的意义。对于中国企业尤其是家族企业来说，只有把"家文化"注入企业文化中，用"家"的温暖来留住人才，用"家和"的思想来指导管理，才能促进企业长期、稳定、和谐的发展。

企业是你发展和成长的平台

要营造一种和谐温暖的家庭氛围，仅仅有家长的付出是远远不够的，关键还要看家庭成员有怎样的态度和作为。对于大多数员工来说，企业和自己之间的关系就是利益关系、合作关系。自己给企业打工，创造利润，企业给自己发薪水、提供各种福利都是应该的，给多少都不够。所以，他们对待企业和工作的态度往往取决于薪水的多少。在他们看来，工作不过是一种简单的雇佣关系，他们付出的汗水全部都转化为利润装在老板的腰包里了，自己何必那么拼命呢？

事实果真如此吗？看一下职场中那些出类拔萃的优秀员工，他们只是在为老板工作吗？不，他们在为自己工作！他们利用企业提供的平台，在实际工作中不断地磨炼自己，提升自己，为自己的未来一点一滴地积累能量。他们认识到，一个人无论有多大的本领，都不能靠一己之力成就一番事业。如果离开了企业这个平台，自己就算有天大的本领也没有机会施展，更不会有人了解、肯定、支持。

什么样的工作才是好工作？什么样的企业才是好企业？什么样的老板才是好老板？或许很多人的答案都是能够挣钱的工作就是好工作，工资高、待遇好的企业就是好企业，大方的老板就是好老板。这种想法完全陷入了一种误区，能挣钱并不代表能受到锻炼，工资高并不代表有发展，大方并不代表培养。

对于一个有远大理想的人来说，真正的好工作应该是能够锻炼自己、提升自己的工作能力的工作；真正的好企业应该是有发展、有潜力能够成就自己的事业的企业；真正的好老板应该是愿意培养自己、给自己机会的老板。

企业是员工学习、成长的平台，发展的跳板，是员工实现抱负的舞台。优秀的员工懂得感激企业提供给自己的这个平台，保持良好的心态，努力工作。公司发展得越好，员工的收益就会越大。

其实，每一份工作中都包含许多个人成长的机会，如果员工通过努力工作，持续提高了自己的能力，积累了更多的知识、经验和技能，那就是成功。以后，无论走到哪里都不愁找不到工作。但如果员工在一个企业中不努力工作，整天纠结薪水的高低，福利的好坏，个人的能力不可能得到锻炼和提高，就等于浪费了企业这个平台，更浪费了人生的机会。

在一个家庭中，家庭成员对待家的态度以及所作的贡献将会直接影响家庭生活的氛围和质量，而这些又将反过来影响家庭成员人生的价值体现以及在外人眼中的形象。不要总以为自己为企业作了很多贡献，其实，这些付出最终回报的还是员工自己。只有企业发展得好，员工才能发展得好！

为企业着想，就是为自己的未来着想

在这个世界上，没有人一出生就能成为家长，也极少有人一开始就能成为老板，绝大多数人都必须从一个普通员工做起，在某个公司中奠定自己职业生涯的基础，为自己的理想积累能量。企业是员工成长和发展的平台，作为企业的一员，每个员工都应该抛开借口，在工作中投入自己的热情与责任，将身心彻底融入企业，尽职尽责，处处为企业着想。只有这样，员工才有可能成为企业的支柱。企业将会因这样的员工而不断发展壮大。只有企业越来越大，越来越好，才能为员工创造更多的机会，提供更大的发展空间。从这个意义上来说，员工为企业着想，就是为自己的未来着想。

只有懂得为企业着想的员工才能成为一个真正优秀的员工。只有处处以企业利益为重，把工作当成自己的事业，以百倍的勤奋和努力与企业共同发展，才能得到企业的重用，并在事业上得到良好的发展。

在企业中，为什么有的员工明明很有能力，却没有得到重用，更没有得到晋升？为什么有的员工明明没有什么能力，却依然能够得到老板的赏识，不断地升职加薪呢?

原因很简单，有能力的员工没有时刻为企业的利益着想，不能为老板分忧，甚至在企业遇到困难的时候袖手旁观。而那些能力一般的员工却能够真正为企业着想，把企业当成自己的家，全心全意、无怨无悔地付出。这样的人，无论走到哪里都将是老板最喜欢、最重用的优秀员工。

美国著名实业家罗宾·维勒刚开始创业的时候只有一间生产皮鞋的小工厂，里面只有几个工人。有一次，他们研究设计的新款鞋子非常符合当时的潮流，投放到市场之后引起了很大反响，订单纷至沓来，只有几个人的工厂顿时忙不过来。

无奈之下，罗宾·维勒召集工厂里的所有人开会研究对策。大家想了很多办法，但都被罗宾·维勒否定了。这时，一个年轻的小工人举手要求发言。他身边的同事偷偷拽了拽他的衣角，悄悄地提醒他："老板和经理都想不出什么好办法，你就别逞能了！说到底，咱就是来混一口饭吃，他赔不赔违约金跟咱有啥关系？"

然而，年轻的小工人并没有听从同事的规劝，毅然站起来说："我认为，我们的根本问题不是要找更多的工人，也不是要提高多少奖金。要想从根本上解决问题，就必须提高生产效率，增加产量。"

听完他的话，罗宾·维勒笑了起来，接着问道："你有什么好办法？"

"我们可以用机器来做鞋。"

罗宾·维勒继续问道："你能制作这样的机器吗？"

年轻的小工人摇了摇头，底下传来一片笑声，有人甚至说他是傻瓜，痴心妄想。罗宾·维勒却没有笑，他认真地说："虽然他不会制造机器，但他的思路完全是为工厂的利益着想。他让我们看到了问题的根本所在。所以，我要奖励他500美元，还要任命他为开发部经理，组织一个研究团队，研究生产鞋子的机器。"

4个月后，机器设计出来了。罗宾·维勒也由此成为美国著名的鞋业大王，而当初的小工人也在这家企业开创了成功的事业。

如果年轻的小工人只考虑自己，向老板提出增加更多的奖金，企业可能就渡不过当时的难关，错过发展的机会，而小工人也只能做一辈子的工人，甚至还有可能会失业。

工作是一个人在社会中安身立命的基石，只有学会以老板的心态对待工作，像老板一样为企业着想，时刻以企业的利益为先，才有可能获得老板的器重，成为老板的得力助手。一旦时机成熟，你就可以拥有属于自己的企业，自己成为老板。

英特尔前总裁安迪·葛洛夫曾应邀到加州大学伯克利分校演讲。他在演讲中，对学生们提出了以下的建议："不管你在哪里工作，都别把自己当成员工，而应该把企业看作是自己开的。自己的事业生涯，只有你自己可以掌握。不管什么时候，你和老板的合作，最终受益者也是你自己。"

员工与企业的关系就像家庭成员和家，不能只看到自己，而应站在更高的角度关心企业的整体发展，要有统观全局、服从全局的意识，将企业的利益放在第一位，追求整体效应。

一个能将企业利益放在第一位的员工，能给他人以信赖感，让企业乐于接纳，在赢得团队和老板信任的同时，更为自己的职业生涯带来莫大的好处。

像关心家一样关心企业

在一家企业中最用心、最尽责的人是谁？答案很简单：老板。

对于老板来说，企业就是他的事业，是他的家业，企业成功就意味着他的成功。老板是企业的主人，时刻为企业的利益着想，对自己的行为负责，并竭尽全力地寻找解决问题的方法，目的就是希望企业能够获得发展，取得成功。如果员工也能像老板一样把企业当成自己的家，把自己当成这个“家”的主人，心中就会产生一种强大的推动力，真正拥有自己的事业。

在家庭中，每个家庭成员都把自己当成家的主人，对家庭的大小事务都力求知晓、积极参与，他们自觉自愿为家庭付出，积极主动维护家庭的利益，这就是主人翁意识。拥有这种意识的员工，会把企业当成自己的家，把企业的事当成自己的家事，事事都会以企业利益为先，在工作中尽心尽责。这样的员工，无论走到哪里都会得到重用。可以说，主人翁意识是实现自我价值的不竭动力，是每一个成功者不可或缺的精神品质。

杜邦公司是美国的一家大型化学公司，大约有8万名员工。在这样一家企业工作，作为一名最普通的员工，似乎很难把自己当成这家企业的主人。然而，麦克尔·柯维却做到了，并以此成就了自己的事业。

杜邦公司每年度都要在底特律总部举行“优秀员工”、“明星员工”、“年度杜邦员工最高成就奖”的颁奖仪式。麦克尔·柯维作为杜邦公司工龄还不到3年的新员工，已经获得了众多殊荣：工作的第一年，他被评为公司的“优秀员工”；第二年，他被评为公司里光芒四射的“明星员工”；第三年，他又获得了“年度杜邦员工最高成就奖”。

到底是什么让这位新员工得到如此多的荣耀？杜邦公司的答案是这样的：“麦克尔·柯维先生已经把杜邦公司当成了他自己的公司。他认真负责、一丝不苟的工作态度，值得我们所有人学习。他把认真工作当作了一种责任。我们没有理由不奖励麦克尔·柯维先生。确实，这是我们共同的公司，没有认真做事的态度，就不会有责任感，而没有责任感的人，更谈不上认真。在此希望麦克尔·柯维先生能再接再厉，再创辉煌。”

麦克尔·柯维把自己当成企业的主人，把工作岗位当成实现抱负的舞台，把个人的理想追求融入企业的发展之中，像关心家业一样关心企业，为企业的发展付出努力。他的行为获得了企业的认可和赞扬，由此走向了职业生涯的巅峰。

巨思特公司有一面文化墙，上面壁垒分明地挂着“员工天地虎”、“员工天地雄鹰”、“员工天地鲨鱼”三块考评版。老虎、雄鹰、鲨鱼都是主动性、进攻性、侵略性、战斗力很强的动物。它们的领土意识十分浓厚，时刻守护着自己的家园。用它们来考量和激励巨思特的员工，也代表了企业提倡和鼓励的主人翁精神。作为一名员工，如果能够以主人翁的精神对待企业，像关心家业一样关心企业，那么他无疑会获得上司的青睐和信任，从而获得晋升的机会。也只有把企业当成自己的家一样对待，员工才能最大限度地解决问题，努力工作，才能从工作中学习、成长，才能最大限度地受益。

把企业仅仅当成自己工作的地方，那么就不可能对它有任何感情可言，每天只是机械地工作，并不关心其他事情。只要有事做，有薪水领，工作得好或者不好，对企业的发展有利或者不利，跟自己并没有太大关系。

然而，如果员工把企业当成自己的家，把企业的事情当成自己的事情，一切都将不一样。任何一个家庭成员对自己的家都会有着无比眷恋的感情。把企业当成自己的家，员工就会非常认真负责地对待工作，员工觉得它的好坏将会直接影响到企业的发展。遇到问题，员工会积极主动地寻找解决方法，而不是推卸责任，甚至“事不关己，高高挂起”。员工会发现自己的工作状态完全不一样了，为自己的家工作，为自己的事业工作，每个人都是自己的老板，都会在工作中尽心尽力。

和家庭一样，企业是由每一个人组成的，大家有共同的目标和利益，所以，企业里的每一个人都肩负着企业生死存亡、兴衰成败的责任。在这份责任之下，每个人都是在为自己而工作，哪怕职位再低，薪水再少，都是一样。如果员工无法意识到这一点，无论他有怎样的才能，都不会是一名优秀员工，都很难在企业中立足，更不可能获得长期的发展。

比尔·盖茨曾经说过：“我们常常讲的主人翁精神，是一个员工所具有的天然禀赋，具有这种精神的人，他的个人利益和公司利益是一致的。”微软人就有着强烈的主人翁意识，把微软的发展和个人的前途紧紧连在一起，这使得他们做任何事都会以企业的利益为重，全力以赴。这也是微软有今天不凡业绩的秘诀所在。

皮之不存，毛将焉附？一个企业，如同一个家庭，当它强大时，它的家庭成员在外面会很有面子，在人前神采飞扬；当它衰落时，它的家庭成员就只能垂头丧气地感叹命运不济。只有每一个员工都努力拼搏，团结一心，把企业的大小事都当成自己的事情来处理，才能让企业发展壮大，立于不败之地。员工才能过上富足、安定的生活。因此，每一个员工都应该像关心家业一样关心企业，和企业共命运，共发展。

个人因团队而变得更加强大

人是社会动物，很多事无法靠个人单打独斗完成。再强大的士兵都无法战胜敌人的围剿，但联合起来就可以战胜一切困难，就像行军蚁一样把阻挡在眼前的一切障碍消灭掉。在社会中，每个人都有一个属于自己的家、自己的团队。离开这个家、离开团队，个人就成了无源之水、无本之木，力量再强大，也是有限的。而一个团队，却能够散发无限的力量。个人只有融入团队中，依靠集体的力量，才能变得更加强大，赢得更多的机会。

微软公司的成功离不开其成员强大的团队精神。微软人认为，他们不属于自己，而是属于微软这个团队。正是这种团队意识使微软数以百计的员工成了百万富翁。

这些员工的能力无疑是非常优秀的，但如果离开微软这个团队，他们是否还能够成为百万富翁却不一定。从某种意义上来说，他们的智慧必须在微软这个团队中才能彻底发挥出来。只有在微软这个团队中，他们才能变得如此强大。

在微软，不论你在哪个部门或哪个项目小组，不论你是管理者还是普通员工，都可以将自己目前的工作状况、项目思路、计划实施、遇到问题等信息公布出来。在这种制度的背后，微软创造的是一种相互信任、相互协助、高效率的工作氛围。微软培养了员工“个人成功服从公司成功，任何人的工作都是为了公司发展”的企业文化。

对此，比尔·盖茨说：“这种企业文化营造了一种氛围，在这种氛围中，开拓性思维不断涌现，员工的潜能得以充分发挥。我们微软公司所形成的氛围是，你不但拥有整个公司的全部资源，同时还拥有一个能使自己大显身手、发挥重要作用的小而精的班级或部门。每一个人都有自己的主见，而能使这些主见变成现实的则是微软这个团队。”

在一个家庭中，假如人人都各自为战，不顾家庭整体的利益，那么这个家庭很快就会土崩瓦解。家庭中的成员也将成为孤儿寡母，势单力薄。同样，在一个企业中，假如人人都独自工作，不和团队成员合作，那每个人的力量都将是非常薄弱的。只有大家手牵手、肩并肩、心连心一起前进，才能取得个人无法获得的成功。

万科集团董事长王石说：“我的灵感来自团队。也许我给外界的错觉是因为我个人的能量非常大而成就了万科的今天。其实不是这样的。我对万科的价值是选择了一个行业，树立了一个品牌，培养了一个团队，后者的价值最大。”的确，团队的力量是企业最大的资本。

对企业而言，一个能力超群的人才就像一颗晶莹圆润的珍珠，单独拿出来或许也能值不少钱，但如果用团队精神编织一条线，把这些零散的珍珠穿起来，做成一条精美的珍珠项链，那么它的价值将远远高于一颗颗独立的珍珠。个人要想获得企业的认可，在企业中发挥出最大的价值，最简单的方法便是把自己融入团队中，依靠团队提升自己的力量。

索尼公司刚刚建立时，是一个只有20多名员工的小企业。其中，有一个名叫井深大的员工是非常优秀的电子技术专家，有着丰富的产品研发经验。为了企业的发展，盛田昭夫准备让井深大全权负责新产品的研发工作。

面对如此重任，虽然井深大相信自己的能力，但他知道仅凭自己一个人的力量无论如何是完成不了这项任务的。他犹豫地说："尽管我很愿意担当重任，但我深知自己经验还很不足，实在怕有负您的重托啊！"

盛田昭夫鼓励他说："我相信你的能力，希望你能最大限度地发挥自己的才能，并充分调动其他人的积极性，挖掘他们的潜能，集合大家的智慧，还有什么困难克服不了呢？企业的希望就在你们的身上了！"

井深大受到了鼓舞，接受了盛田昭夫的任命，开始全权负责索尼公司的产品研发工作。他通过向公司的市场部、信息部以及生产第一线的工人询问了解到了很多电子产品的信息，比如目前市场对轻便、低廉的电子产品需求较大，而美国已经掌握了晶体管生产技术，不但能够降低成本，还能使机身更加轻便。通过和其他部门齐心协力的合作，井深大终于使自己的经验越来越丰富，技术越来越娴熟，能力越来越强大，于1954年试制成功日本最早的晶体管收音机。产品推向市场后，非常畅销，索尼公司由此走向了辉煌的时代，井深大也被提拔为索尼公司的副总裁，走向了事业的巅峰。

在现代社会，仅凭一个人的经验和能力已经不能应对全部工作了，个人需要来自各个方面的帮助和支持。个人最大的优势不是经验，也不是学历，而是借助团队的力量获得成功。把自己融入企业中，把个人的利益得失和企业的利益得失紧密联系在一起，为促进企业的成功毫不保留地奉献出自己的力量。企业的成功，就是个人的成功，而且这份成功将远远超过个人所能达到的成功。

没有谁能独自取得成功

这是一个崇尚合作的时代，几乎所有的成功，都是在某种合作的形式下取得的。在竞争越来越激烈的现代社会中，一个人仅凭自己的力量不可能完成某项事业，更不可能独自成功。离开了别人的帮助和支持，就像被砍断了手脚，空有智慧和抱负而无法实现。合作是成功的最佳捷径，也是成功的唯一出路。

据统计，在诺贝尔奖设立的前25年，合作获奖占41%，而现在则跃居80%以上。随着时代的发展，社会分工越来越细，任何人都不可能熟练掌握所有知识与工作要领，想凭借一己之力完成所有的工作更不可能。成功不是单一的，哪怕是某一项事业的成功也离不开社会其他方面的支持。或许站在领奖台上领的只是某一类型的奖，而且只是某一个人在领奖，比如说电影界的最佳男主角、最佳女主角，但我们绝不能忽视站在他身后的整个团队，以及他们为这个奖项付出的各种努力。如果没有团队的支持和帮助，即使是天才，即使他付出百倍千倍的努力，所能取得的成就也将十分有限。

楚汉之争是刘邦和项羽之间的战争，更是他们身后的两个团队之间的战争。在这场战争中，刘邦的劣势非常明显。他出身贫贱，没有背景，没有超群的才华，也没有雄厚的资产。就是这样一个人，揭竿起义，打进了秦都咸阳，打败了“力拔山兮气盖世”的西楚霸王项羽，登上了帝王的宝座。

项羽无疑是一个英雄，他的才华是刘邦远远不能及的。然而，也正是因为他对自己能力的过于自信，好面子，自作聪明，自以为是，认为自己的成功和别人无关，容不下英雄，不信任下属，不爱听意见，不会赏识和笼络人才，使韩信、陈平、英布等人才先后投奔刘邦。同时，他不屑于和其他的反汉势力联盟，大家各自为战，结果魏、代、赵国相继灭亡，使楚国陷入孤军奋战的局面。

刘邦之所以能够从一介平民到君临天下，除了当时的历史条件之外，其中最关键的因素就是他懂得如何依靠团队的力量来获取成功。刘邦的团队中聚集了一大批文臣武将。他曾这样评价自己的团队：要论运筹帷幄，决胜千里之外的能力，我不如张良；要论镇守国家，安抚百姓，征收粮饷的智慧，我不如萧何；要论率领百万军队攻无不克、战无不胜的才华，我不如韩信。这三个人都是人中豪杰，能够为我所用，这就是我取得天下的根本所在。项羽只有一个范增，却还不能善加利用，所以会败在我的手下。

说到底，刘邦的皇帝宝座不是他自己一个人夺得的，而是他的核心团队、拥护者和支持者共同努力的结果。

刘邦把自己成功的原因归结到自己知人善任，其实就是在说自己的成功依靠的是团队的力量。而项羽仅凭一己之力、匹夫之勇，没有建立一个强大的团队，失败就在所难免。在任何时候，孤独的英雄都难以取得巨大的成功，只有善于合作，争取得到各种人才的帮助和支持，才能真正取得成功。

一个企业就像一个家庭，需要团队的力量。在工作中，每个人都要时刻牢记，这是一个企业，一个家庭，一个整体，一个团队，即使我们是企业的骨干力量，也需要其他力量的支撑才能长久屹立，单打独斗只会使我们快速倒下，甚至连累企业。

无论我们多么有才华，多么有性格，多么自信，一旦进入企业，走向工作岗位，都必须突破自我，努力适应团队，尽快融入团队中，否则将很难生存下去。如果我们孤傲地做“独行侠”，或许在短期内我们的才华和能力还能使我们在企业中立足，但时间一长，随着我们人际关系的变坏，才华的枯竭，我们会发现自己很难再取得成功。

一个员工只有充分融入自己所在的团队中，才能充分发挥自己的能力，创造出最大的价值。在今天这个团队至上的时代，所有事业和成就都是团队精神的一种反映，如果仅仅依靠个人的力量已经不可能取得什么成就。只有融入团队，依靠团队的力量获取成功才是最佳的生存之道。

和企业一起成长，实现双赢

任何人到任何一家企业工作都不希望自己被企业所淘汰，任何企业招聘任何一个员工都不希望他跟不上企业发展的步伐。在这样一个相互依存的关系里，员工只有树立和企业一起成长的信念，才能让企业更具凝聚力和发展力，才能使员工自身的能力不断提升，前途更加远大。

作为企业这个大家庭中的一员，我们在工作中最大的收获不是一份或多或少的薪水，也不是一个或高或低的职位，而是企业提供给我们的一个展示和提升自己价值的平台。在这个平台上，不论成功还是失败，只要我们认真努力地对待工作，就能不断地积累经验，充实自己，从而和企业一起成长。

在一个家庭中，如果某个成员不思进取，不想着为这个家庭奉献自己的力量，就会成为整个家庭的“拖油瓶”，不但会连累大家，还会连累到家庭的整体发展。同样，在一个企业中，如果某个员工不能主动跟上企业发展的步伐，不但会削弱他所在团队的实力，进而削弱企业整体的实力，使企业的发展受阻，而且个人在工作中也会感到力不从心，难以融入团队中去，最终只能面临被淘汰的命运。

与企业一起成长是聪明员工的追求，也是企业对优秀员工的要求。员工关注企业的成长与发展就是关注自己的成长与发展。与企业一起成长，在工作中不断地锻炼和提升自己，在为企业的发展奉献力量的同时让自己也获得发展，这样的员工更容易获得成功。因为这样的员工是企业最看重，也是最需要的。

在巨思特公司，所有的部门经理都是在基层员工之中选拔的。职位的提升给予了大家一种无形的吸引力，已经不是薪水那么简单了。谁都想得到一个做领导的机会，只要他们的人品和能力达到了可以带领团队的水平，企业就给予他们这个机会。企业对提供职员职业成长和学习的机会非常重视，并将其视为留住优秀业务员的一项法宝。

企业和员工是一个利益共同体，企业的成长要依靠员工的努力和成长来实现，员工的成长又要依靠企业这个平台的发展和成长来实现。无论是企业停滞不前，还是员工不思进取，最终都将导致两败俱伤。对于个人来说，以企业为家，兢兢业业地工作，和企业一起成长，在企业里实现自己的价值和梦想是人生最好的选择。否则，企业的失败也将是我们个人的失败。即使我们离开这家企业走向其他企业，我们身上依然背负着前一家企业的兴衰荣辱，而这些都将是影响我们职业生涯的重要条件。

为什么有些员工不断地跳槽，不断地换企业却始终找不到合适的工作？为什么有些员工不断遭到企业的拒绝与辞退？原因就在于他们不能和企业一起成长，没有将自己的发展和企业的发展融为一体。优秀的员工能够把企业的成败和自己紧密相连，能够主动承担起推动企业发展的责任，能够积极努力地在工作中获取成长，提升自身价值，和企业一起成长，共同发展。

从某种意义上来说，企业的发展和员工的前途息息相关。员工为企业工作，企业为员工创造成长的环境、发展的机遇。在企业成长和发展的过程中，员工也迈上了一个又一个新台阶。员工和企业的成长应该是一个互动的过程，如果企业发展了，而员工却原地踏步，那就意味着员工将要掉队；如果员工只顾着自己成长而损害了企业的利益，甚至阻碍了企业的成长，那么员工很快就会被企业所抛弃，彻底断送自己的前途。

当员工所在的企业急速前进的时候，员工一定要紧紧跟着企业的脚步，和其他成员相互督促，相互追赶，团队的力量可以使每个人成长的速度都大大提高。在企业提供的这个平台上，每个员工都渴望成为最出色的那个，机遇就隐藏在成长的竞争中，只有不断提升自己的各项能力，实现和企业一起成长，企业才能赋予员工相应的使命，而员工实现个人发展的机会往往就蕴藏在这些使命中。

当员工像珍惜自己的家一样珍惜企业这个平台，企业就会回报给员工同样的关爱。当员工进入企业的时候，实际上就应该知道，自己和企业将会朝着同一个方向前进，自己不仅仅是一个打工者，更是企业拓展事业的合伙人。只有把自己的成长和企业的成长放在一起考虑，才能事事为企业的长远发展考虑，才能成为推动企业成长的重要力量，才能在企业成长中实现个人成长。

第二章　子不嫌母丑，把问题当成机会

俗话说，“子不嫌母丑，狗不嫌家贫”。作为企业的一员，对于给了我们生存平台的企业，无论它存在怎样的问题，我们都不应该嫌弃，甚至背弃，而应该把问题当成机会，在推动企业发展的同时，让自己拥有更高的平台。

没人会嫌弃有问题的家庭和父母

人无完人，世界上不存在绝对完美和没有问题的个人，也不存在没有问题的团队。就像所有的家庭成员或多或少都会存在一些问题一样，所有的企业都会存在一些问题，即使那些经常拿自己的实践经验来与其他组织分享的著名企业也不例外。

作为子女，面对有问题的家庭和父母，没有别的选择，只能勇于面对，泰然处之，尽自己最大力量来解决这些问题。作为员工，要想在企业中做出成绩，体现出自己的价值，就不能逃避企业中的问题，而要正确面对。

如果企业一出现问题，员工就想跳槽，那么这个员工一生都很难有什么作为。从一家企业跳到另一家企业，其实问题同样存在，不同的或许只是这家企业的问题大一些，那家企业的问题小一些，甚至尚在潜伏期，还没有发作。其实，所有问题的背后都隐藏着机会，问题越大，机会也就越大。嫌弃企业中出现的问题，就等于是在嫌弃上帝赐予的机会。

一个有远大职业理想的人明白，企业在任何发展阶段都有需要面对和解决的问题。越是优秀、发展得越快的企业，问题往往就越大。员工作为企业中的一分子，这些问题都是必须经历的。企业在解决这些问题中逐渐发展壮大，个人也在解决这些问题中逐渐成长。所以，个人越想有好的发展，就越不能有畏难情绪，越要正确面对企业中的问题，要和企业一同解决问题。

下面是巨思特一位主管讲述的一段经历：

我曾经遇到过这样一个员工，他永远把自己的价值寄托在下一份“好”工作上。这个人能说会道，颇具营销天赋。可是，他的才华并没有为他带来好前途，已有10年工作经验的他一直都只是个业务员，不但职位没有提升，薪水也涨幅有限。在10年的职业生涯中，他曾有10多次跳槽的经历，最频繁的时候曾两年内换过6家公司。

对于有如此经历的一个人，人事部本来没打算留。但我在面试他之后，觉得他有一定的才华，只要他能够安心工作，把自己的才华彻底展现出来，一定会有好的发展，所以就给了他一个机会。

刚开始，他对待工作非常认真，不但表现出色，而且经常加班加点、任劳任怨。遇到这样的“好员工”，我感到很欣慰，觉得自己当初的决定是对的。于是，我准备重点培养他，给他更多的机会。在一些重要的场合，我开始带着他一起参加，希望能够给他更大的舞台来展示自己的才华。

可是，没过多久，他就开始变得懈怠，业绩上做不出成绩也总是找各种借口。直到他连续旷工两天，我开始觉得有些不对劲。当我给他打电话询问情况的时候，他对我说：“王老师，我要辞职了，谢谢您这些天的照顾。我觉得公司现在存在一些问题，这些问题让我觉得付出和回报不成正比，所以我决定离开了。”

我还是希望他能够继续留在公司，于是就劝他说：“公司肯定存在一些问题，这是任何一家公司都无法避免的。但是这些问题都是可以解决的，你是不是再考虑一下辞职的问题？”

他的态度却很坚决，只和我说了一句：“你别再劝我了，我已经决定了。”就挂断了电话。

不久之后，我终于知道他当初坚持离开公司的真正原因。原来，当时他做了一单业务，按照公司的规定，他只能领到4000元的提成，而如果和别的公司合作他可以拿到8000元。仅仅4000元的差价就让他背叛了公司和自己的灵魂。

或许当时巨思特公司在薪资制度上的确存在一些问题，但这些问题都是可以解决的。这个员工没有选择面对、解决问题，而是带着嫌弃的姿态离开。可以想象，他的下一份工作也不会做得长久，因为只要公司存在，就永远有问题存在。

如果我们的家庭存在一些问题，我们和父母之间有一些矛盾长期无法解决，我们会怎么做？我们会因为嫌弃他们而离开家，不再和自己的父母相认吗？相信任何一个正常人都不会做出这样的选择。同样，我们无法拒绝、忽视企业中的问题，但也不能为此离开公司。离开绝对是非常不明智的选择。

每一个员工都应该用积极的心态去面对公司的问题，因为员工的工作就是解决问题。消极的态度不但不利于问题的解决，还会把自己困在问题中间无法进步。即使我们为了躲避问题而跳槽换一家公司，我们同样会面临其他问题。逃避只会让我们失去解决问题的能力，断送掉自己的前程。

问题是企业发展的契机，是伴随企业成长的动力，正是因为各种问题的存在，才促使企业不断发展，才需要员工共同面对，共同解决，共同成长。这恰恰是问题存在的价值。可以说，问题和机遇是并存的。只要我们不以嫌弃的姿态面对企业的问题，而是积极发现问题，解决问题，就一定能够获得与企业共同进步的机会！

企业的问题不只是老板的问题

松下幸之助曾经说过：“工作就是不断发现问题，分析问题，最终解决问题的一个过程，晋升之门将永远为那些随时解决问题的人敞开着。”积极主动解决问题，为老板分忧，是每一个职场人的晋升利器。

职场中，始终有一部分员工认为自己只是一个打工者，只要做好自己分内之事就可以了。企业出现问题也和他无关，那都是老板需要考虑的事。即使他发现了问题，也是以旁观者的心态，一副事不关己的态度。这样的员工永远都难以得到提拔和重用。

日本著名企业家、“三洋”电机公司总经理井植薰从松下电器公司的一名小学徒一路成长为董事，最后创办年销售总额超出15000亿日元（约110亿美元）的“三洋”电机公司，可谓是一个成功的打工者，也是一个成功的老板。

对于自己成功的经验，他曾这样说：“对于一般的职工，我仅要求他们工作8小时。也就是说，只要在上班时间内考虑工作就可以了。对于他们来说，下班之后跨出公司大门，爱干什么就可以干什么。但是，我又说，如果你只满足于这样的生活，思想上没有想下16个小时或者更多的念头，那么你这一辈子可能永远只能是一个一般的职工。否则，你就应当自觉地在上班以外的时间多想想工作，多想想公司。”

成功往往就是一个机遇的问题，关键在于我们当时主动不主动，积极不积极，是否在适当的时间做了适当的事。井植薰用自己的亲身经历告诉我们：任何一个渴望成功的人都应该自觉地多为公司着想，把公司的问题当成自己的问题来解决。

大多数机遇都是伪装成问题出现的。对于职场人来说，每一个问题都可能成为我们人生的转折点。如果我们把这些问题当成是老板的问题，袖手旁观，那就等于把机遇还给了老板。这就是老板和打工者的区别所在。

任何一个渴望成功的人都懂得，企业的问题不只是老板的问题，而是每一个身在企业中的人的问题。发现问题、分析问题、解决问题，促进企业发展，也必将推动员工自身的成长和发展。一个善于发现问题、解决问题的人，无论走到哪里都是最受欢迎的人，无论遇到多大的困难都无法阻挡他前进的步伐。一个总是把问题推给老板的人，丢失了职业人必备的责任心和上进心，无论换多少次工作都不可能有大的作为。

不要总认为企业的兴衰和自己无关，有时候一个普通员工解决一个小小的问题往往就能改变公司的命运。日本管理学家川上真史在《改变公司的员工在哪里——寻找公司的发动机》一书中指出，能够改变公司命运的人往往具有如下特点：不把问题当问题，而是当课题；时刻准备搜集一切能为企业带来效益的资讯；能对企业的问题进行透彻的分析、探讨并解决。

具备这些特点的人不但能够成就自己，同时也会影响他身边的同事，甚至是整个团队，进而给整个企业带来积极的影响。相反，一个总是躲避问题、推卸责任的人将会给团队带来消极的影响，甚至会使整个企业都处在一种无人解决问题的消极氛围中。

曾是美国最大的日用品销售商的凯马特是一家拥有400亿美元

资产、2100多家全球分店的超级连锁零售商。就是这样一个商业巨头，在2002年1月22号正式申请破产。

冰冻三尺非一日之寒，凯马特破产的原因或许有很多种。但是，从管理层到普通员工均不重视企业中的问题，不愿承担责任，无疑是其中最大的问题。

据说，在一次凯马特的年终总结会上，一个销售经理坦陈自己犯下了一个小小的“错误”，他不知道怎么办才好，于是，向自己的直属领导请示该如何解决。他的领导不知道该怎么回答，便接着向他的直属领导请示怎么办。而领导的领导又转过身，继续向他的领导请示……

就这样，本来只是一个小小的问题，一直推到凯马特最高领导帕金那里。对于这件事，帕金始终记忆犹新，每次提起，他都会感叹：“整个公司没有人积极思考解决问题的办法，都认为这些问题该由老板解决。”

从帕金的感叹中我们可以看出凯马特破产的重要原因之一就是企业中没有能够积极解决问题的员工。任何企业在发展过程中，都会不可避免地遇到各种问题和困扰，如果不能及时解决，就像人生病不能及时得到医治一样，小病积累久了就是大病。

没有任何一个老板愿意看到在企业出现问题的时候，那些问题被员工当作皮球一样踢来踢去，从而延误时机，酿成大患。更没有任何一个老板愿意把时间和精力浪费在帮助下属解决一些小问题上。或许老板比员工的经历多一些，能力强一些，但他也只是一个普通人，没有三头六臂。如果所有问题都推到老板那里，需要他亲自解决，那他还聘用那么多员工干什么呢？只是来瓜分他的利润的吗？在老板眼中，没有任何事情能比一个员工积极分析、解决问题更能表现出他不可替代的价值。

一个企业的发展离不开员工的积极投入，一个员工的发展也离不开企业的用心培养。如果一遇到问题就找借口，就推卸责任，不但会耽误解决问题的时间，让问题的影响越来越严重，阻碍企业的发展，还会影响到个人的前途。

所以，在工作中遇到任何问题都要学会积极对待，不要以为企业的问题都只是老板的问题，和自己无关。解决问题的能力是我们成功必备的能力之一！

不要用放大镜看企业的问题

在实际工作中，很多员工都会将问题放大，以致心生恐惧，不愿再和问题接触，更不愿去解决问题。其实，企业中绝大多数问题并不像我们想象的那样严重，只要我们放下手中的放大镜，以客观的态度看待问题，认真分析，深入探讨，就一定能够找到解决问题的办法。

在放大镜之下，很多问题都会看起来太大、太乱，似乎根本无法解决。但是，回避、拖延不会让问题自动消失，反而会让问题越来越大。我们必须放下放大镜，勇敢地正视问题。职场中那些善于解决问题的优秀员工并不是一开始就解决了所遇到的问题，而是在遇到问题的时候能够以正确心态去面对，能认真想办法解决。

在一个企业中，即便一个员工的能力很强，如果他总是拿着放大镜看企业的问题，时刻带着畏难情绪，不愿意主动付出，遇到问题不去解决，也很难成为一个优秀的员工。

第二次世界大战时，在中非战场上，意大利军队奉命防守一个野战机场。他们有500多人，而且有坚固的混凝土防守工事，充足的弹药，以及德国人支援的两门威力巨大的重炮。而当时负责进攻的英国军队只有400多人。他们长途跋涉，劳累不堪，甚至连弹药都不够，更别提什么像样的重武器了。

经过分析，英国军队的指挥官觉得没有任何胜算的把握，甚至都已经做好了撤退的打算。让人惊奇的是，他们刚刚开始进攻，意大利军队就放弃了抵抗，打出白旗表示投降。

后来，当英国指挥官问意大利军官为什么不战而降时，他竟然气呼呼地说：“我们没有撬棍，没有办法打开那些该死的弹药箱！”

意大利军队的失败真的只是因为他们没有撬棍吗？只是因为他们把“没有撬棍”这个问题放大了。他们的想法欺骗了他们，把他们引入了消极的状态中，使他们恐慌、逃避现实，不再积极寻找解决问题的办法，而是选择了退缩。

很多时候，真正困扰我们的往往不是问题本身，而是放大镜下的问题所造成的我们对问题的忧虑、恐惧。当我们因为执着于头脑中被放大的问题而饱受恐惧煎熬时，聪明的员工早已开始着手解决问题，以一种积极的心态为自己开拓了一条成功之路。

张伟是一家大型贸易公司的业务员，他在广东出差的时候，无意中听见客户提到说一个外商手中有一批钢材，而当时国内钢材的价格正在急剧上涨。张伟就想，如果能买下这批钢材，公司就有钱赚了。但是，他同时了解到有好几家实力雄厚的同行都在和外商接洽。这几家公司经常和外商合作，经验丰富，而且都是有备而来。而自己公司从未有过和外商合作的经验，甚至连合同都不知道怎么拟订。更何况自己又是单枪匹马，怎么能竞争得过那些大公司呢？

想到这些，张伟就觉得前方一片黑暗，看不到一丝光明。但他还是准备“一试”，一方面他积极地和外商接洽，另一方面迅速地向公司领导做了汇报，请求公司支援。谁知等了几天之后，他只等来了和外商见面的时间、地点，却没有等到公司的支援。最让他感到绝望的是，公司领导的那道“死命令”：只许成功，不许失败！简直就是一座无法翻越的高山。

然而，张伟还是决定拼一拼。他很快打消了自己的消极情绪，开始积极行动。他先通过网络搜集到了国际市场上最新的钢材交易价格，然后，想尽一切办法，利用各种关系，拟订了一份符合国际钢材交易规范的中英文合同范本。

几经周折，张伟终于在和外商见面之前准备好了谈判时必备的各种资料。然后，他带着这些资料自信地走进了外商住宿的酒店。初次商谈之后，外商提出了很多问题。张伟不畏艰难，一步步把这些问题都解决了。随着谈判的深入，问题越来越难，但张伟始终以积极的态度应对，在对问题进行客观分析之后，寻找一切可能的解决办法。

最后，张伟凭借出色的解决问题的能力打败了其他几家经验丰富的大公司，签下了合同，他也因为这次优秀的表现得到了提拔。

如果张伟是一个消极畏难的员工，他在公司没有提供任何外援却依然要求他成功的时候就已经选择放弃了。他可以抱怨公司、指责领导，甚至可以因为这件事离开这家毫无实力的公司。但是，张伟没有这样做。他正视公司存在的问题，然后积极寻找解决问题的方法，一步一步地推动着自己往前走，直至成功。这样的员工无疑是企业最需要、老板最看重的优秀员工。

无论在任何一家企业做任何一项工作，都会遇到各种各样的问题，这已经是不争的事实。如果我们选择自己当老板，那会遇到更多更难的问题。只有能够解决问题的人才能在问题中获得成长，才能推动企业不断前进，才能拥有更远大的前程。而那些总是放大问题，在问题面前犹豫不决、退缩不前的人注定永远都是一个失败者！放下手中的放大镜，我们才能看清问题的本质，才能为自己找到解决问题的勇气和智慧！

把问题解决在自己手中

企业的发展靠员工，员工的发展靠自己。遇到问题，员工要积极主动地去解决，而不是抱怨、推诿。否则，只会失去大好的发展机会，断送掉自己的前途。企业花钱雇我们来工作，不是让我们把问题当成皮球一样踢来踢去，而是让我们来解决问题的。善于解决问题的人才是企业最需要的人。

作为企业的一员，发现问题、了解问题都不重要，最重要的是去解决问题，是要有结果。每个员工在公司存在的价值就在于在实际工作中能够解决问题。对于员工个人来说，能力的大小实际上就是指解决问题能力的大小。

对待工作中遇到的所有问题，只有两种方式，也只有两种结果：一种是员工自己把问题解决，得到锻炼，提升能力，增长经验，体现价值，最终获得提升；另一种是把问题推给别人，同时把成长、发展的机会也推给别人。聪明的员工绝对不会选择后者，而是把问题解决在自己手中。

加藤信三曾是日本狮王牙刷公司一名普通员工，他就是凭借自己出色的解决问题的能力一步步做到了该公司的董事长。

他的机会来自于一天早上他刷牙的时候发现牙龈出血。这虽然是一个小问题，但作为牙刷公司的员工，加藤信三觉得自己有责任解决这个问题。

到公司之后，他开始着手寻找避免牙龈出血的办法。他先是把牙刷毛改成非常柔软的毛，试用之后他发现这样的确能够减少牙龈出血，但因为牙刷毛过于柔软，很难把牙缝中的“垃圾”清除干净。接着，他又尝试在刷牙之前把牙刷先泡在温水里，让它变得柔软一些，或者多用一点牙膏，结果都不是很理想。

在无计可施的情况下，加藤信三想到了放弃：既然是技术部门都无法解决的问题，自己何必自寻烦恼呢？还是让技术部门去伤脑筋好了。但最终他还是决定自己来解决这个问题。他在无意中把牙刷放在放大镜下看，突然发现牙刷毛的顶端是四角形的，而不是润滑的圆形。他想，也许是四角形的棱角太多，所以容易刮破牙龈。于是，他针对这个缺点进一步想办法。最终，他把牙刷毛的顶端打磨成圆形，试用之后，果然有效解决了牙龈出血的问题。

加藤信三立刻把自己的创意提交给公司，领导对此非常重视。采用加藤信三的方法改良之后的牙刷上市之后得到了消费者的普遍欢迎，狮王牌牙刷的品牌知名度获得了很大提升。而加藤信三也因此得到了提拔，在十几年后成为该公司的董事长。

牙刷导致牙龈出血是生活中随时可能发生的一个小问题，但加藤信三却把它和自己的工作以及企业的命运紧密结合在一起，并且设法解决了这个问题。在职场中，发现问题不是能力，解决问题才是别人无法替代的能力。把问题解决在自己手中，机遇也就紧紧地握在了自己手中。

优秀的员工把问题当成挑战，从中寻找机遇；平庸的员工把问题当成麻烦，从中错失机遇。只有善于解决问题的员工，才是老板心目中最值得栽培的人才。如果我们总是无法妥善解决问题，甚至还经常把问题推给别人，那么问题就会成为我们工作的负担。我们要相信，只要有问题，就一定有解决问题的方法，而且方法一定比问题多。

李·艾柯卡，福特汽车公司前总裁，他的成功源于他出色的解决问题的能力，以及在问题面前勇往直前、锲而不舍的精神。

1956年，美国福特汽车公司推出了一款新车。这款汽车不但性能优越、款式新颖，而且价格也合理。但因为当时美国正处在第二次世界大战后的经济复苏时期，人们手中积蓄有限，所以更青睐于价格便宜的低档车。福特公司的这款新车相对来说价格要稍高一些，所以销售业绩不太理想。

为了解决销路的问题，福特公司的销售经理都十分焦急，但他们始终没有找到更好的销售方法。当时，大多数的推销员都在等待上级研究出新的销售方法，他们觉得这个问题和自己无关。而艾柯卡却觉得自己作为公司的一员，理应想办法解决问题。

最后，他想到了在报纸上刊登一则广告：花56元买一辆56型福特。具体来说，就是要想买一辆1956年生产的福特汽车，可以先支付20%的货款，余下的部分则按照每月支付56美元的方法分期付款，3年内付清。

这样一来大大降低了消费者购车的压力，很快吸引了大量消费者，打开了销路。而艾柯卡也因为解决这个大问题而得到公司赏识，升为地区经理，并一步步成为福特公司的总裁。

作为员工，善于解决问题不仅是我们的职责，更是我们展示自己才华的最好机会。艾柯卡其实完全可以像其他推销员那样把问题推给领导，但如此一来，他就错过了这样一个展现自己才华的机会，也就无法脱颖而出。在企业中，每天都会出现各种各样的问题，而解决问题的能力则成了一流员工和末流员工的分水岭。晋升的机会永远都只属于那些能够出色解决问题的员工。

善用团队的力量解决问题

这是一个需要合作的年代，工作中总会遇到一些问题需要利用团队的力量来解决。所谓“独力难成，众擎易举”，团队一定比个人更有力量。在很多情况下，仅仅靠个人的力量已经很难完全处理各种错综复杂的问题并采取有效的解决行动，必须依靠团队的力量进行必要的行动协调，开发团队合作的能力才能真正解决问题。

比尔·盖茨说：“在社会上做事情，如果只是单枪匹马地战斗，不靠集体或团队的力量，是不可能获得真正的成功的。这毕竟是一个竞争的时代，如果我们懂得运用大家的能力和知识的汇合来面对每一项工作，我们将无往不胜。”

在一次微软的招聘会上，面试官说出了考题：在每个人的房间里都放有一个大木箱。现在，大家要把这些木箱都搬到另一个房间。谁先完成任务谁就会成为微软的员工。

应聘者快速走进了各自的房间，立刻动手去搬木箱，但是他们很快就发现这些木箱非常重，别说搬走，就是挪动一点都很困难。接着，他们又发现房间里除了大木箱之外，还有一些木棍、绳子、锤子等工具。于是，他们想要利用这些工具来搬动木箱，但结果依然失败了。木棍虽然可以把木箱撬开，但一伸手去拿绳子，木箱就会再次落地。如此反复，几乎没有人能够把木箱搬到指定的房间。

规定的时间很快就到了。等到大家来到指定的房间查看结果的时候，惊讶地发现那里有两个大木箱。经过面试官询问，找到了那两个完成任务的应聘者。

面试官问他们是如何搬动木箱的。两个人相视一笑，回答道："我们两个人一起合作，用木棍和锤子撬起木箱，然后用绳子系住木箱，一个在前面拉，一个在后面推。这样很轻松就搬来一个木箱。接着又一起搬另一个木箱。"

面试官听后，笑着点点头说："恭喜你们正式加入微软。"说完，他又看了看其他人，接着说道，"这次考试的目的就是考验大家团队合作的能力。只有善于合作的人才能获得成功！"

在企业这个大家庭中，一个人能力再强也很难独自撑起一片天，让所有的"家庭成员"乘凉。只有善于合作，懂得如何利用团队的力量，才能使企业在纷繁复杂的市场竞争中立于不败之地，才能使个人在残酷的职场竞争中取得成功。

当然，利用团队的力量解决问题并不是说个人可以把问题推给团队去解决，自己则高枕无忧。永远不要忘记，把问题解决在自己手中才是对机会最有效的把握。一个人如果能够带领团队一起解决问题，那么他所表现出来的能力就不仅仅是解决问题的能力，还有团队合作以及领导的能力，这样的人必然是企业最想拥有的人才！

周刚是一家国有企业里资格较老的技术工人。他的专业技能在企业中几乎无人能及，尤其是一些新来的工人以及"空降"的管理者，更是望尘莫及。但是，因为周刚的年龄偏大，知识水平有限，所以对新鲜事物的接受与理解常常是心有余而力不足。特别是现在企业普及的电脑、互联网等办公设备，周刚几乎是一无所知。

一次，周刚在工作中遇到了一个新问题。他翻遍自己的工作笔记，查遍各种技术书籍，都没有相关的解决方案。最后，无计可施的周刚听说现在互联网上什么都可以查到，他就想试试。但他对于电脑的了解，也仅仅局限于开机、关机，更别提利用互联网查资料了。

周刚想到自己部门有一个新来的大学生，他对电脑非常精通。于是，他找到这个大学生，向他请教如何在互联网上查资料。这个大学生费了半天的劲儿也没有教会周刚，最后只好问周刚要查什么资料，他直接帮他查。不到10分钟，大学生就在互联网上帮周刚找到了解决问题的办法。

周刚按照大学生告诉他的办法果然很快就解决了问题。

面对工作中遇到的问题，周刚并没有倚老卖老，把自己解决不了的问题丢给别人，自己乐得清闲。他也没有把向比自己年龄小、资历少的同事请教当成丢人的事，而是不懂就问，勤于学习，最终借助他人的力量把问题解决。工作中每个人都会遇到自己无法解决的问题。一个人的智慧和能力毕竟有限，此时就需要多向其他人请教，这才是解决问题需要的工作态度。

不过，如果一遇到问题就想利用别人的力量解决就很容易养成依赖的习惯，久而久之，自己就会逐渐失去解决问题的能力。在工作中，不但要利用团队的力量，更要善用团队的力量。要坚持“求教而不求助、求方法而不求结果、求主动而不求被动、求讨论而不求答案”的原则。具体来说，就是不要简单求助，而要在听过别人的意见之后，积极地提出问题，经过多方讨论，找到最佳的解决方法，然后自己去解决问题。这样不但能够培养自己独立自主的心态，激发自己的创造性和主动性，还能在问题解决的过程中提升自我。

第三章　扎根企业，在历练中成长

没有员工一点一滴的奉献，就不会有企业的辉煌成就；没有企业提供的舞台和机会，就不会有员工的华丽演出。员工只有扎根企业，做好自己的分内事，在工作中不断地历练自己，才能获得更好的发展。无论什么样的企业、工作，无论顺境还是逆境，只要脚踏实地，就一定会有“一分耕耘一分收获”的喜悦。

好家经不起三搬，好工作经不起三跳

中国人有安土重迁的传统，除非迫不得已，极少有家庭愿意搬迁。这不仅是一种恋乡情结，更是一种对家庭的重视。毕竟，每一次搬动，都会或多或少地丢失一些东西，造成一些不必要的麻烦，损害家庭的利益。而且每次搬到一个新的环境，都需要时间去适应，甚至不惜改变自己原来已经习惯的东西来迎合他人的习惯。从一个家庭的长远发展来说，频繁搬家绝不是一件好事。

企业如家，是我们生存和发展的地方。一个人要想有好的发展，就不能经常跳槽。在同一家企业长期工作，不仅可以积累工作经验，提升工作能力，还能够保持稳定的人际关系。这些对于个人的发展来说至关重要。如果为了一时的利益，经常跳槽，或许可以在短时间内看到一些好处，比如工资水平有一定的提升。但从长远来看，很不利于个人的发展。从一家企业跳到另一家企业，不仅要花费大量时间、精力来适应这家企业的管理制度、工作模式，更需要在全新的环境中构建自己的人脉。所以，几乎每一次的跳槽，都会让自己的价值有所降低。长此以往，就会使自己在职场中失去原有的信誉。

中国传统文化有“一仆不侍二主”之说，而如今的职场当然没有这样教条化的规定，随着竞争和机会的增加，每个人的职业生涯都会有相应的变化。但即便如此，职业道德依然是优秀员工必不可少的基本素质。一个员工要想在企业这个大家庭中立足并取得成功，那么首先就要以忠诚的操守和敬业的精神去做好工作中的每一件事，如果做不到这些，我们也只能成为企业长远发展历程中的匆匆过客而已。

我们巨思特公司的用人制度是“能者上，庸者下”。公司有一个同事叫全秀勇，来公司的时候是我面试的。他是和他弟弟一块来的，我面试的时候只要了他，因为我觉得他的各方面无论是言谈还是行为举止更适合做销售，他弟弟较他而言就显得各方面差一点。所以我只留下了他，没有选择他的弟弟。

就这样过了3个月，全秀勇一点业绩都没有。按照公司的人事制度规定，3个月试用期期满无业绩是要被淘汰的，但是我认为他是一个可塑之才，所以决定再给他一个机会。

一个月之后，全秀勇仍旧没有业绩，有一天他找到了我，递上了辞呈。“王超老师，不是为别的，谢谢您一直以来这么器重我，但是我真的得走了，因为我不想成为公司的负资产，我有最后一个请求，我走了不要紧，我能不能把我的弟弟带过来，就是上次您拒绝的那个应聘者，因为我觉得巨思特就像家一样，我没有做到的事情，希望我的弟弟能继续帮我完成。我喜欢我们这个大家庭，我希望我弟弟也能来到这里，能比我有更好的表现，能够尽快地融入这个集体，忠于这个集体。万分感谢！”

说心里话，看了他的辞呈，我内心十分受触动。我对他说：“你不要跟我说，你去跟大家说。”第二天的早晨，是我们例行的晨会，全秀勇当着大家的面，拉着他弟弟的手：“我不能完成的事，我希望你能完成。”大家都抱头痛哭，当时的场面非常感人。后来的结果也证明，同样忠于我们这个团队的两兄弟，虽然一个离开了，一个留下了，但是，确确实实，他的弟弟把哥哥没有做到的工作出色地完成了。

如果全秀勇对巨思特没有绝对的信心，没有那3个月培养出来的忠诚度，他是不会在自己失败后，再拉自己的亲弟弟下水的。他对企业的信任和忠诚，也成就了他弟弟的事业。

正如拿破仑·希尔所说："忠诚，然后世界会回报你。"很多员工都曾有过这样的体验和感受：一旦员工在工作中有突出的表现，老板就会给他更加优厚的待遇，并且希望他长期留在企业，为企业作更多的贡献。如果他这时又通过实际行动证明了自己对企业的忠诚，有着和公司风雨同舟的决心和勇气，老板自然会更加欣赏和信任他。

跳槽，从根本上说还是为了晋升，为了获得更多的利益。但是，如果我们能对现在的工作尽心尽力，获得老板的赏识，我们将会得到更多。相反，我们如果选择通过跳槽来实现这些，只会使自己养成逃避的恶习，一旦在工作中遇到不顺心的事，就想通过跳槽来解决，这对一个人的职业生涯将产生非常恶劣的影响。没有一家优秀的公司愿意聘用频繁跳槽、不懂得珍惜企业为自己提供的工作机会的员工。

美国最大的IT配件公司贝尔金进入中国市场之后，曾经在中国招聘员工。因为他们提供的待遇好、薪水高，企业久负盛名，所以招聘广告一发出，就收到了很多人的应聘请求。但是，在审查过程中，很多人因为简历上频繁跳槽的经历而被贝尔金公司拒之门外。

贝尔金负责招聘的人力资源经理对此解释说，他们公司十分重视员工的务实精神和敬业精神，如果连这些基本素质都不具备的话，那么不管一个人多么优秀，他们都不会考虑的。如果说一个求职者在一家公司工作了5年，那么他就可以被认为是敬业、务实的员工。相反，如果一个人在一年里更换了5家公司，他的诚信和敬业精神就会被怀疑，贝尔金公司就不会录用他或者将重要的事情交给他做。

很多人在跳槽的时候都想进入像贝尔金这样优秀的公司，但他们却忽略了这些公司往往更渴望忠诚、优秀的员工。不要让频繁跳槽的经历污染自己的职场信誉，忠诚、务实的人将会得到更多的机会。

如果我们能够忠诚于自己的企业，珍惜目前的工作机会，不轻易跳槽，我们将会赢得更多的信任，也将获得更多的机会。无论当前的工作多么卑微、琐碎，我们都可以通过它来打磨自己，提升自己。我们在工作中做出的每一点成绩都会为自己和企业带来好处。踏实、认真地对待自己的本职工作，我们会发现：每一份工作都是好工作！

常挪的树长不大，珍惜我们的工作

如果将一棵小树在一个地方种植一年后再移植到另一个地方，一年后，再次移植到另一个地方，那么，这棵树将会很难长大，甚至有可能死亡。每一种生物对其生存生长的环境都有一定的要求，每换一个地方，都需要一定的适应期。当它刚刚适应当地的气候、土壤的时候让它离开，就会打乱其生长节奏，影响其成长。人也一样，每一次从一家企业跳槽到另一家企业，都需要时间去了解新的环境，需要精力去搭建适合自身发展的关系网。这些事情会占用我们大量的时间和精力，会影响我们对待工作的态度。所以，要想在工作中尽快成长，获得更好的发展，就要懂得珍惜现在的工作，努力认真地做好自己的本职工作。

对于我们漫长的人生来说，工作是其中很重要的一部分。每个人都要为自己的工作奋斗，并通过工作来展现自己的价值，让人生更加丰富。从某种意义上说，工作为我们的人生提供了一个舞台，让每个人都有上台表演的机会。我们要想使自己的人生更加精彩，就必须珍惜每一次工作机会，在舞台上卖力地表演，把工作做到最好！现实中，有很多人都无视自己所拥有的工作，总是在抱怨，总以为自己可以有更好的机会、干更重要的工作，却不知道世界上并没有哪份工作是非要我们干的。只有认真把握自己现在的工作，努力做到极致的人才能把自己的价值展现出来，才能获得更好的机会。

美国著名的“钢铁大王”安德鲁·卡内基在谈起自己的成功心得时，非常肯定地说：“这个世界上有种人绝不会成大器的，就是被动地去做自己应该做的事，并且半途而废，不知道好好珍惜工作上的每一个机会的人。”

卡内基的成功和他懂得珍惜每一次工作机会不无关系。14岁那年，他到匹兹堡的大卫电报公司应聘信差的工作。由于他对当地的道路不十分熟悉，所以遭到了拒绝。但他却向公司许诺用一个星期的时间记熟全城的线路。公司的经理被卡内基的热情所感动，试着留下了他。而卡内基也用实际行动证明了自己对这次工作机会的珍惜，不到一周的时间，他就成了一名熟练的信差。而每天走街串巷送电报的卡内基也在这份工作中不断地汲取知识，提升自己。他熟悉当地所有公司的名称和特点，甚至了解各个公司之间的经济关系及业务往来。这些积累使他在日后的事业中获益匪浅。卡内基在回顾这段时期的时候，曾称之为“爬上人生阶梯的第一步”。

正是因为卡内基懂得珍惜每一次工作机会，认真、努力地做好本职工作，才有了后来的成功，成为美国著名的商业巨头。

工作不分贵贱，但是工作的态度却有好坏之别，要想知道一个人是否可以胜任一项工作，看他对待工作的态度就可以知道。如果一个人很珍惜自己的工作，会将这个工作当成展现自己能力和智慧的机会。相反，如果一个人对自己的工作不珍惜，没有热情，那么他是不能做好这项工作的。

珍惜自己的工作，不仅将其当作是一种职业，更是一种事业。有人说，一个人如果能够把自己的工作当成事业来做，那他就成功了一半。我们只有珍惜自己的工作，努力去爱自己的工作，在工作中打起精神，不断激励自己，磨炼自己，提升自己，才能不断前进。

比尔·盖茨曾经在谈及他心中的优秀员工是什么样子的时候，强调了这样一条：“一个优秀的员工应该对自己的工作满怀热情，珍惜自己的工作。充满激情地去工作，并且在向他人推销公司和公司产品的时候，应该有种传教士般的热情！”传教士对自己的工作往往都有坚定的信仰和狂热的激情。无论在传教中遇到什么困难，他们都会勇敢无畏地迎难而上，珍惜每一次传教的机会。一个人如果对自己的工作拥有这种热情，就一定能够在工作中有所建树。

珍惜当前的工作机会，在工作中勤奋进取，将会成为我们职场最有价值的名片。一个频繁跳槽的人，其职业含金量就有可能缩水。因为他不能在一个工作岗位上工作较长时间，自然不可能积累经验，获得成长。所以，如果我们想在职场中获得长远发展，最好不要轻易跳槽。学会珍惜每一次工作机会，忠诚于企业，把个人成长和企业成长结合在一起，为未来奠定一个良好的基础。

成绩是做出来的，不是“跳”出来的

工作成就的大小主要靠什么？能力、资源、运气，还是其他？有些员工说自己的岗位太过平庸，发挥不了个人能力，很难做出成绩；有些员工说自己的企业太小，而且管理不善，资源有限，也很难做出成绩；还有些员工说自己最近运气不好，做什么事都不顺……这些员工抱怨的最终目的都是想换一份工作，换一家企业，换一个环境。他们以为只要“跳一跳”就一定可以大展拳脚，做出一番成绩。

其实，工作没有做出成绩和以上这些因素都没有太大关系，最根本的原因在员工自己身上。真正决定其工作成绩大小的关键是一个人对工作的观念、态度和看法。在实际工作中，每个人的工作能力虽有一定差别，但并不是很大。即使是最笨的人，他的工作能力也绝对不会是零，只要勤奋敬业，他同样可以做出一番成绩。但是，如果一个人工作能力很强，但他总是朝三暮四，从不把心思用在工作上，那么他在任何一家企业做任何一项工作都不可能做出太大的成绩。

没有正确的工作态度、不能踏踏实实做事的人要想通过“跳槽”来提升自己的价值是不可能实现的。职场中，有很多能力不足的基层员工在平凡的岗位上兢兢业业地工作，努力学习、全力以赴、忠诚敬业，工作能力得到锻炼、提升，获得领导的赏识，随后所有的好运、机会都会降临到他的身上，最后一步步成为公司的最高管理者。

机会之门从来都不会无缘无故地向一个人打开。只有那些准备充分、踏实肯干的人才能够有此机会。而妄图投机取巧，想通过“跳槽”来换取好运的人正一步步走向机会之门的反面，前方等待他们的只有失败。

著名主持人王小丫刚毕业的时候立志做一名出色的经济记者，然而天不遂人愿，对于毫无工作经验的她来说，要想获得采访的机会并不是那么容易。尽管如此，她还是勤勤恳恳地工作，希望有一天能够得到一展拳脚的机会。

令王小丫想不到的是，有一天她突然被安排去通联部抄写信封，这一去就是3个月。在这3个月的时间里，王小丫每天的工作就是趴在桌子上写信封，而她理想中的采访工作却遥不可及。对于这种只要会写字的人都能胜任的工作，王小丫心中充满了失望。她一度想要放弃，去寻找更适合自己的工作。但她想到这是自己人生中的第一份工作，如果就这么轻易放弃，很难想象自己以后还能干什么。于是，她选择留下来认真地抄写信封。

3个月很快就过去了。领导发现王小丫抄写的信封不但字迹清晰、漂亮，信息准确，而且速度也很快。这个把抄写信封这样的小事都做得如此出色的丫头立刻引起了报社领导的关注，在了解到她的专业背景之后，开始给她更多的锻炼机会。于是，王小丫从文摘版的编辑开始做起，一路走上了中央电视台的舞台，成为一名优秀的主持人。

当王小丫回顾自己第一份工作时，曾这样说道：“找到第一份工作时，千万不要寄予过高的期望，但要学会坚持。这么多年的工作经历，我的切身感受是：如果你拥有一份工作，真的很好；如果你拥有一份工作，而且还很喜欢，那你已经很幸运了；如果你拥有一份工作，它又能让你生存，而且又是你所喜欢的，那你已经很幸福了。”

如果王小丫在第一份工作不顺利的时候，选择离开而不是坚持，这种浮躁的工作态度将会伴随她的一生，那么她也就不会有今天这样的成就。在工作上遇到一些不公平、不顺心的事很正常，如果我们不停地抱怨自己缺少成功的机会，进而想通过“跳槽”来获得机会，却没有端正自己的工作态度，付出更多的努力，只会使自己离成功更远。

波士顿大学商科教务长罗尔德对于毕业生曾经有这样的告诫：“人们每每陷入一种危险——那就是分心于其他的问题，而把目前的问题疏忽了。年轻人有许多失败，就是因为把目前的职务看得过于简单，以为不值得用他全部的精力去干。”在这个世界上，没有什么工作简单到不值得我们用心去做。工作的价值往往取决于我们的态度。如果我们能够踏踏实实、认认真真地去做一件极不起眼的小事，它同样会回报给我们巨大的成就感和不可多得的机会。选择一个好的职业态度远远比选择一份工作来得重要。拥有认真踏实、勤奋努力的工作态度，即使我们能力欠佳，也必然能够推动我们在职场中取得突出成就。相反，在工作中投机取巧、眼高手低的员工，无论能力如何，都将成为职场的弃儿。

对于想在工作中做出一番成就的人来说，专注于眼前的事，认真努力地去完成每一项任务，比胡思乱想、到处寻找跳槽的机会要重要得多。不管我们的人生目标有多高，都需要一步步去攀登，不要奢望一步登天，即使是孙悟空也需要翻几个跟头才能到达。立足于眼前，无论我们在做什么工作，只要用心都能做出一定的成绩。

无论我们现在的工作多么卑微，无论我们现在的企业有多少问题，无论我们的领导对我们多么刻薄，这些都不能成为我们没有做好工作的理由。如果我们在现在的工作中没有做出任何成绩，原因只有一个，那就是我们没有用心去做！

爱岗敬业才能找到家的感觉

每个人都渴望拥有一份可以终生从事的事业，渴望在自己工作的企业中找到家的感觉。这份事业必须能够给我们带来快乐，能够让我们得以生存，能够使我们实现自己的价值；这个企业必须能够给我们带来安全感，能够让我们感觉到温暖，能够为我们提供依靠。

其实，这样的事业、企业并不难找，每个在企业中工作的人都拥有这样的事业、企业。只要我们把“爱岗敬业”倾注到自己的工作中，无论在哪家企业做什么工作，都能获得我们想要的一切。爱岗敬业并不是说一个人一生中只能从事一项工作，或者只在一家企业工作。它是一种对工作认真负责的态度，是对自己所从事的工作、所在的企业拥有一种强烈的使命感。

美国娱乐传媒巨子萨默·莱德斯通63岁时开始着手建立一个非常庞大的娱乐商业帝国。在很多人看来，63岁正是退休之后尽享天年的年龄，而萨默·莱德斯通却在此时让自己重新回到工作中去。而且，他几乎把自己所有的时间都用在了他所工作的企业Viacom中。对他来说，没有工作日和休息日的区别。他的敬业精神超出常人的想象，一个63岁的老人有时甚至连续工作24小时。

是什么让萨默·莱德斯通拥有如此大的工作热情？是金钱、名利？不，是他对工作、对企业的使命感。他曾说：“实际上，钱从来都不是我的动力。我的动力是对于我所做的事的热爱。我喜欢娱乐业，喜欢我的公司。”

“爱岗敬业”的品质使萨默·莱德斯通在自己的工作和企业中找到了归属感，使他热衷于自己所做的工作，而不再是单纯为金钱、名利而工作。这种意识使他尽心尽力地对待工作中的每一件小事，而这种态度又为他带来巨大的成就感和更多的机会。所以，不管我们现在的工作多么微不足道，也不管我们对现在的工作如何不满，只要尽职尽责、满怀热情地去工作，那么我们就能在企业中脱颖而出，实现自己的价值，找到家一般的归属感。

爱岗敬业，是每一个职业人都应该遵守的最基本的职业操守。在任何情况下，一个懂得珍惜自己的工作机会，敬重自己的工作岗位的人，都更容易获得成就以及别人的认可。

日本人习惯把公司称为“社”，他们的“爱社精神”实际上就是一种热爱自己所在企业的精神。他们对自己企业的热爱绝不亚于对家庭的热爱。比如三菱公司的员工往往称自己是“三菱人”，松下公司的员工则称自己是“松下人”。在日本人看来，企业就好像是一个家庭，企业关心、保护每一个员工，也为员工的家庭负责。反过来，员工也一心一意地为企业工作。正是这种强烈的爱岗敬业精神，使得日本公司具有很强的凝聚力。

曾被誉为“饮料行业最佳雇主”的可口可乐公司把敬业态度作为他们选拔员工的一项重要标准。因为他们坚信：一个优秀的员工，必须兢兢业业地珍惜身边每一分钟的工作，让每一分钟都发挥出它的价值。所以，一个人要想在工作中做出成绩、得到老板的认可与器重，要想在企业中展现自己的价值、找到强烈的归属感，就必须拥有爱岗敬业的精神，就必须立足于自己的本职工作，脚踏实地地从点滴细节开始做起，把做好工作看成是自己义不容辞的责任。

在美国微软总部，曾经有一个爱岗敬业的清洁工。在人才济济的微软，清洁工几乎是最微不足道的职位，但是这个清洁工每天都坚持最早到公司，最晚离开公司，为的是保证每一个员工都能在干净舒适的环境中工作。最关键的是，她从来没有因为自己的职位卑微而抱怨，反而对工作充满了热情。在她的感染下，微软总部的其他员工也都处在一种快乐、热情的工作氛围中。

不久，比尔·盖茨听说了这个清洁工。他很诧异，一个小小的清洁工为什么会有如此大的影响力？于是，他忍不住找到她，问道："你能不能告诉我，为什么你作为一个最普通的清洁工还能坚持每天充满热情地尽职尽责地工作？"

清洁工笑着说："因为我很喜欢我的工作和我的公司。虽然我没有太多文化，但是我很感谢公司能够给我这份工作，让我有稳定的收入，足够支撑我的女儿读完大学。而我对公司唯一可以回报的，就是尽自己最大的努力把工作做好！"

比尔·盖茨被清洁工爱岗敬业的精神所打动，当场就任命她为微软的正式员工，薪水自然也随之上涨。后来，这名清洁工凭借自己爱岗敬业的精神，把手上的每一份工作都努力做到最好，甚至利用闲暇时间学习计算机知识。不久，她当选为微软的"优秀员工"。

在许多人看来，保洁工作实在太卑微，工作脏、苦、累，收入少，而且没有成就感。但这个清洁工却把这样一份别人都看不起的工作做到了最好，在一群高学历、高能力、高收入的人群中，实现了自我价值，同时也为自己搭好了通往成功的阶梯。如果我们也能像这个清洁工一样把做好工作当成自己的使命与责任，对自己的企业发自内心地充满自豪感，那么我们一定能够在企业中找到自己的位置，随着企业的发展拥有无限光明的前途。

用主角的心态跑龙套

成为万众瞩目的主角几乎是每个人的梦想。在职场中，人人都希望自己是企业中最耀眼的那颗明星，受到领导的青睐，同事的追捧。然而，真正能够做到这样的人少之又少。大多数人，包括最终站到主角位置的成功者，都是从“跑龙套”这种几乎可以被忽视的工作开始做起的。影坛巨星成龙刚开始也只能演“死人”，华人首富李嘉诚最初也只是一个茶楼的小伙计，而“打工皇后”吴士宏刚到IBM做的也只是端茶倒水的工作。“跑龙套”并不可怕，只要始终怀着成为主角的心态，认真对待每一份工作，把自己的价值最大化，终有一天能够成为真正的主角。

工作的意义常常是自己赋予的，看似微不足道的“龙套”同样有其存在的价值。再平凡的工作，只要用心去做，就会变得不平凡。但是，如果我们因为自己在“跑龙套”就看不起自己，把工作卑微化，觉得没有价值和意义，甚至产生“破罐子破摔”的想法，那么我们也只能一辈子“跑龙套”，甚至很难跑出任何成绩。

杰克·韦尔奇是美国通用电气公司传奇CEO，是职场中出类拔萃的主角。然而，当他谈起自己的成功秘诀时，仅仅说了7个字：“做好平凡的工作。”事实上，杰克·韦尔奇的成功的确是从最平凡的工作开始的。

杰克·韦尔奇人生中的第一份工作是在一家小鞋店当导购员。这份工作平凡得不能再平凡，每天转来转去就是向进入鞋店的顾客推销鞋子。但是，杰克·韦尔奇却觉得这份工作很有意义，因为可以和各种不同的人打交道。他抱着用这份工作为成功积累经验的心态，认真、热情地对待工作。每次有顾客进入店里，他都会立刻迎接，并且给他们介绍各种款式的鞋子，然后按照他们的喜好拿来适合他们的鞋子，依次放好，以方便他们试鞋。如果他们不喜欢试穿的鞋子，杰克·韦尔奇会耐心地把鞋子放回原处，然后不厌其烦地为他们推荐其他款式的鞋子。

杰克·韦尔奇的工作态度很快使他成为一名非常优秀的导购员。每一个走进鞋店的人都能够在他的推荐下找到最适合、最喜欢的鞋子。也正是这种对工作认真负责的态度使杰克·韦尔奇一步一步走到了世界最大电气公司“掌门人”的位置。

售货员的职位很低，且收入和成就感都不高，但杰克·韦尔奇却用自己的工作态度改变了这一切，以此为踏板，跳上了更高的人生征途。如果我们能像杰克·韦尔奇一样即使做最平凡的售货员也能够认真、努力，服务好每一个顾客，我们就是企业中最优秀的员工，我们就是主角。

真正优秀的员工不需要主角的职位，只需要主角的心态。即使是最微不足道的小事也能看出一个人是否有成就大事的潜力。如今早已成为“星爷”的周星驰的“星途”也是从跑“龙套”开始的。但，即使是“龙套”，他也从来没有敷衍过。在1983年版的《射雕英雄传》中，周星驰被安排扮演被“梅超风”一掌打死的宋兵乙。为了能够增添一点戏份，他主动请求导演安排“梅超风”用两掌打死他。在“两掌”和“一掌”的差别中，我们看出周星驰对自己“龙套”角色的认真态度，同时也看出他辉煌的未来。

不要抱怨自己没有好的成功机会，更不要抱怨自己的职位太低、工作太卑微，如果我们能够把最简单、最不起眼、最不值得做的事情做到最好，我们就拥有了做大事的潜质，也就拥有了成功的机会。

曾经担任麦当劳执行总经理的查理·贝尔刚刚进入麦当劳的时候仅仅是一名清洁工。

当时，贝尔只有15岁，但是因为家境贫寒，他必须出来打工。当他来到麦当劳店里找到店长，请求他给自己一份工作的时候，店长看了一眼他瘦骨嶙峋的模样，便以“这里暂时不需要人手”为由，婉言拒绝了他。

贝尔恳切地请求店长给他一份工作，并且说就算没有报酬也可以，但是店长依然犹豫不决。贝尔小声地说：“我看到您店里的厕所卫生状况好像不太好，这恐怕会影响您的生意。要不，我就为您打扫厕所吧？只要您能够供我吃住就行了。”店长最终答应留下他打扫厕所。

贝尔从不认为打扫厕所是没有意义的事情。他始终以最认真的态度打扫厕所。他每天早上很早就会起床，把厕所彻底清扫一次。等到店里开门之后，他每隔一段时间就会去维持厕所里的卫生。他甚至在厕所里摆放了一些花草，还贴了一些谚语、警句在厕所的墙上。

在他的努力下，麦当劳的厕所卫生状况大为改观，客人也因此更愿意到这家麦当劳餐厅用餐。贝尔的出色表现得到了领导的赞赏，仅仅3个月的时间，他就成为麦当劳的正式员工。不久，他就被升为店面经理，然后是麦当劳澳大利亚公司总经理，亚太、中东和非洲地区、欧洲地区总裁以及麦当劳芝加哥总部的负责人，直至后来担任麦当劳的首席执行总经理。

查理·贝尔的成功就在于他对工作有坚定的信念，即使是“跑龙套”也要成为最出色的那一个。一个人一旦具备了勇气和信心，拥有了对工作勤奋踏实的态度，就会对工作积极付出，主动表现，从而为自己赢得机会和成功。

如果一个人能够把本职工作当成毕生的事业来做，那么他就已经成功了一半。当我们把手上的每一件小事都做到最好，把每一个“龙套”角色都做到最好，我们就已经拥有了当主角的实力，就已经掌握了成功的钥匙。

负起百分之百的责任

责任体现了一个人的品格，体现了一个人的价值观和思想境界。人生在世，难免要承担各种各样的责任。只有每个人承担起自己的责任，社会才会有序和谐。同样，在企业中，只有每个员工都负起百分之百的责任，企业才能获得发展，团队才能具有凝聚力和竞争力。

对于员工来说，工作就意味着责任，岗位就意味着任务。在职场中，没有不需承担责任的工作，也没有不需要完成任务的岗位。工作的要求就是尽职尽责，就是负起百分之百的责任。

所谓责任，就是做好分内应做的事，承担应当承担的义务，完成应当完成的任务。责任感也是衡量一个员工精神素质的重要标准。古今中外，无论是武林英雄还是文人墨客，无论是政治家还是商业巨头，他们之所以能够取得成功，成为世人瞩目、受人尊敬和爱戴的人，都是基于他们对工作有着强烈的责任感，才能在各自的领域取得巨大的成就。在当今职场，要想取得成功，同样要有责任感，无论做什么样的工作，都要能够负起百分之百的责任。

我们经常在一些企业的招聘广告上看到这样一条要求："认真负责"；随便找一份自荐书，也可以看到一条最常用的自我评价："认真负责"。可见，很多人都知道要做一个负责任的人，但事实上，在实际工作中极少有人能够真正做到负起百分之百的责任。

在职场中，我们常常会看到这样的情景：当工作出现问题的时候，有些员工首先做的不是去寻找解决问题的方法，而是理直气壮地说："这是某某的责任，和我没关系。"作为企业的一员，企业的所有问题都与员工有关。退一步讲，即使我们和这件事情真的没有关系，但如果我们把它当作自己的事情来解决，岂不是可以为自己创造展现自己更多的才华和能力的机会？

对工作负责，就是要做工作的主人。在一个企业里，一个人无论在什么样的岗位上，无论做什么样的工作，都必须心存责任感，重视自己的工作。因为每一个岗位所要求的工作内容就是一份责任，既然做了这份工作就应该对自己的工作负责。

没有做不好的工作，只有对工作不负责任的人。对于公司制定的规章制度和自己所在岗位的职责，都应当以百分之百认真负责的态度加以重视，不懈怠、不敷衍了事、不投机取巧。尤其是出现问题的时候，更不能推卸责任，而应该主动找出解决问题的方法，并最终把问题解决在自己手中。当员工竭尽全力、尽职尽责地去解决问题时，就已经表现出了他对工作百分之百负责的态度。

对工作负责，是现代社会对合格人才的重要要求之一。有些员工也许会说："当然要负责了，劳动合同和公司制度上都写着，不负责也不行啊。"这种负责是被动的，是没有任何实际意义的。只有从内心深处产生的责任感才是百分之百负责的态度，才是真正对工作有益、对团队有益的态度。

在第二次世界大战中期，美国空军降落伞的安全性能在降落伞生产厂商的努力下，合格率已经提升到了99.9%，可离军方要求的100%仍然差一点。虽然军方反复要求厂商继续提高合格率，但是厂商却不以为然，认为能够达到99.9%已经接近完美，没有必要继续花费大量的人力物力继续提升合格率。他们甚至一再强调，任何产品都不可能达到绝对100%的合格率，除非出现奇迹。但是，99.9%的合格率就意味着每1000个美国伞兵中，就会有一个人因为跳伞时降落伞出现问题而丧命。这是美国军方无论如何都无法接受的。

在多次沟通无果的情况下，美国军方改变了检查降落伞质量的办法，决定从厂商前一周交货的降落伞中随机挑出一个，然后让厂商的负责人穿上后，亲自从飞机上跳下去。这个方法实施后，奇迹果然出现了——降落伞的合格率很快就提升为100%。

很多时候，我们不能对工作负起百分之百的责任，并不是因为我们没有这个能力，而是因为我们缺少百分之百的态度。当降落伞的合格率和厂商负责人自己的生命捆绑在一起时，他就能够创造奇迹。如果员工在工作中，把企业的兴衰存亡和自己的命运联系在一起，就不会出现懒惰怠工、偷工减料的情况，而是能够百分之百地负责，把工作做到最好！

生活是公平的，它总是会给每个人应有的回报，无论是荣誉还是财富。但条件就是，我们必须形成自己良好的思想和认识，努力培养自己尽职尽责的工作精神。一个人只有具备了尽职尽责的精神，才能够拥有改变一切的力量。

大声告诉自己："我要承担最大后果，我要负担起最大责任。即使别人错了，我也绝不能错；即便别人偷懒，我也绝不能偷懒。"改变态度，努力培养自己勇于负责的精神，我们将成为工作与生活的赢家。

企业更信任忠诚度高的员工

企业和个人之间有着密切的联系：没有企业的良好发展，个人就得不到好的待遇和机会；反之，个人不忠诚于企业，不认真做好本职工作，就不会有企业的良好发展。所以，作为企业的一员，员工应该忠诚于自己的工作、自己的企业，为企业发展作出自己最大的贡献，将个人的发展融入企业的发展中。

忠诚是以强烈的事业心和责任心去为自己从事的事业作出贡献，忠诚是以一种负责任的态度去对待自己的工作、企业和老板。在职场中，忠诚是极为重要的职业道德，只有忠诚于事业的人，才能在企业的发展中展现自己的价值，最终才能取得事业上的辉煌。

一位从事工业产品设计的工程师为了在职场中获得更好的发展，到一家外企应聘工程师。他认真地看了看这家企业招聘的条件和要求，认为自己很适合这项工作。面试过程中，他一路过关斩将，通过了重重考验，进入了笔试。

他看着试题都很熟悉的样子，便洋洋洒洒地写起来，很快就完成了一些有关业务知识的试题。但是，看到最后一题的时候，他停下了笔。这道题的题目是：请你详细地说出你之前所在企业的工业产品的制作流程。作为工程师，他非常清楚产品的制作流程是企业之间竞争的重要因素之一。这个题目等于是让他泄漏之前所在企业的机密。

工程师略加思索，在题目下面认真地写下“无可奉告”4个字，然后走出了考场。几天后他意外地收到了这家企业的电话通知，得知被录用了。当他不解地找到招聘人员询问原因时，对方很认真地回答说："我们最后一题的设置就是为了检验应聘人员的忠诚度。一个随意泄漏自己公司商业机密的人，对我们来说是很危险的。在这个领域，我们不缺优秀的工程师，但是作为直接参与产品设计和研发的工程师来说，最重要的条件就是忠诚，而你的回答，让我们看见了忠诚。"

正是这个工程师对自己企业的忠诚，才使他得到了新的企业的认可和信任，从而得到自己更好的发展机会。对于任何一个员工来说，忠诚都是最重要的，不能因为一时的私利，就放弃这种品德。一个对企业忠诚的员工才能认真对自己的工作负责，才能获得更多机会。

比尔·盖茨曾这样忠告职场人："作为员工，离开'忠诚'两字，等于随时都有可能违背老板的意志，既然你能走到一个公司，你就不能平庸地混日子，而应该把自己变成一个忠于老板的，可以为老板做事的可信员工，才能获得这份工作的最大价值。否则，你在任何一个公司，都会被随时请出去。"

无独有偶，中国著名的企业清华同方公司在上市的时候，提出了"忠诚、探索、超越、责任、价值、承担"12字作为自己的企业文化，把这几种品质作为企业的一种追求，其中"忠诚"被放在第一位。同样，美国商业巨头沃尔玛公司在选择员工的时候，也把"忠诚"放在第一位。沃尔玛的管理者认为，员工的知识和经验都可以后天形成，然而忠诚却不能。

在能力较强却缺乏忠诚度和忠诚度很高而能力欠佳的两种人之间，几乎所有的企业都愿意选择后者。对企业的发展来说，显然是那些忠诚敬业的员工更加有用。不论一个人的知识多么渊博，思维多么敏捷，或者口才多么卓越，都必须将忠诚放在工作的首位，才能受到老板的关注和信任。

不论我们目前从事的工作是不是我们所热爱的工作，和我们的期望差别有多大，我们都应该勇敢地面对和接受，抱着积极乐观的态度去工作。不要抱怨我们的机遇有多么不好，不要抱怨命运有多么不公，而应该用忠诚的态度、感恩的心态去对待我们所拥有的工作机会，认真地完成每一项任务。如果我们每天都在工作中保持这种心态，那么，我们就一定能够感受到这种神奇力量带来的变化和回报。它将帮助我们克服工作中的困难，让工作变得更加顺利，同时，会给我们带来希望和信心。这样不仅可以使我们工作得更加出色，在工作中感受到快乐，人生也会因此变得更有意义。

企业希望自己的员工具有高度的忠诚度，不管何时何地，都表现出对自己企业的绝对忠诚。而真正优秀的员工绝对是忠诚的。他们不会频繁地更换工作，同时会对工作表现出极大的热情，为工作鞠躬尽瘁，忠诚地坚守在自己的工作岗位上。这样的态度也往往能够赢得企业的信任，并且得到重视，从而获得更多的机会。对于老板来说，一个不忠诚的员工，会成为自己企业发展的一个不利因素，随时会给企业带来麻烦和问题。一个绝对忠诚的员工，在企业中埋头苦干，不但可以为公司创造更多的价值，更能够在工作中提高自己各方面的能力，获得更多的成长空间。

第四章　家有家规，有序方能安稳和谐

孟子说："不以规矩，无以成方圆。"自古以来，每个家庭都有它独特的家规。这些规矩成为家庭的灵魂，烙刻在每个家庭成员的心头，成为促进其家族发展的根本。对于企业这个大家庭来说，制度和纪律同样是其稳定发展的根本。员工只有严格执行，才能保证企业高效运转，有效推动企业的发展。

严格遵守公司制度和岗位纪律

制度和纪律是人们在日常生活、工作、学习中必须遵守的行为规范和行为准则，是保证人们生活、工作、学习正常运行的基础条件，也是个体与团队和谐相处，进而实现自我价值的重要前提。

有效的制度是企业生存的保障，没有了制度保障，企业团队就会成为一盘散沙，各自为政，失去凝聚力，缺少战斗力。为了更好地发展，为了保障每个员工各司其职、和谐有序，每家企业都会制定一些规章制度和岗位纪律，以约束员工的行为。在企业中，制度和纪律是每一个员工都必须严格遵守的。员工必须树立制度胜于一切的意识，自觉维护和遵守企业的各项制度和纪律。不遵守公司制度和岗位纪律的人就不可能成为一名优秀的员工。

世界上拥有大约3万间分店的麦当劳餐厅，为了使每一个部门各尽职能、精益求精，发挥团队合力，达到麦当劳“百分百顾客满意”的目标，制定了非常完善的管理制度和岗位纪律。

以其检查制度为例，每个营业点的检查包括12个重点，其中包括营业额、顾客量、顾客平均消费、食品原料价格、人员工资、周转资金、其他销售及损失、收银机操作错误、作废处理、水费、电费、煤气费等。不管是月报表还是周报表、日报表，甚至是每小时、每一次收银记录都以这12个重点作为基础，并且要求全部达标。

在岗位纪律上，麦当劳更是做到尽可能地细化量化。比如，要求面包师做面包的厚度是17厘米，烤面包的时间是55秒，等等。甚至连员工的头发怎么梳，衣服怎么穿，帽子怎么戴，指甲剪多长等都有详细、明确的规定。

这些详细的管理制度和纪律不但为员工明确了努力的方向，还给公司提供了清晰的监察标准。只有对每一个细节都认真、严格执行的人才能有效展现自己的工作能力和敬业精神，才能得到领导的赏识。

企业规章制度的设立是为了约束员工的行为，以达到团队协调合作、共同进退的目标。作为企业中的一员，员工必须严格遵守各项规章制度，尤其是自己的岗位纪律，更要严格执行，以保证企业日常工作的有序进行。虽然很多人都知道遵守公司制度非常重要，但现实中依然有一些藐视企业制度、不断挑战企业制度底线、扰乱工作秩序，甚至影响团队整体工作效率的“头痛员工”。他们往往就是坏了一锅好汤的那只“老鼠屎”，其不良行为将会在团队中造成非常恶劣的影响。这一方面可能会让其他员工仿效，另一方面也会影响其他员工的工作情绪。对于这类员工，无论工作能力多么优秀，工作业绩多么突出，企业都会选择放弃。

周兰大学毕业后，应聘到一家网络公司做技术工作。虽然她刚毕业不久，但因为工作认真努力，业务能力提高很快，工作业绩显著，周兰在试用一个月后就转正了。

但是，转正之后，周兰的表现开始让领导头痛不已。她开始经常迟到，每次都有新借口。虽然那些冠冕堂皇的借口可以为她解一时之困，但公司有明确的规定：一个月迟到5次以上，或者迟到时间累计超过两个小时，公司就可以辞退员工。而周兰一个月内不但迟到了6次，而且其中有3次都迟到了半个小时以上。累计算下来，她一个月迟到的时间远远超过了两个小时。

为了留住这个技术全面、业绩突出的下属，技术部经理特意找到周兰，向她详细说明公司对于员工迟到的管理制度，并提醒她已经碰触了制度的底线，念在她刚进入公司不久，对各种制度还不太了解，这次只做罚款处理，以后决不能再迟到。但是，周兰却觉得经理小题大做，罚款就罚吧，也没有多少钱，只要工作做得好，迟到这种小事根本不算什么。

周兰根本没有意识到不遵守公司制度对于一个员工来说有多么重要。在接下来的那个月中，她连续迟到了5次，而且有4次都在半小时以上。这次找她谈话的不再是她的直接领导，而是人力资源部的经理。摆在她的面前的是一份辞退通知书，在辞退理由一栏赫然写着：不遵守公司制度，缺少时间观念。

周兰不放在心上的不是迟到这种小事，而是公司的制度。一个不把公司制度放在眼里、过度自我的员工，其能力越强越容易在团队中造成不好的影响，破坏团队整体的情绪和凝聚力。这样的员工必然会落个被辞退的下场。

企业制度是否得到严格遵守和执行，关系到企业发展的大局。作为员工，应该自觉遵守各项规章制度和岗位纪律，用制度约束并保护自己，同时用制度来维护企业这个大“家”。

绝对服从，没有任何借口

企业作为一个组织性和纪律性非常严格的集体，要想有序、和谐地发展，需要一些基本的道德标准：下级要服从上级，个人要服从团队，局部要服从全局。

每个优秀的员工都具备绝对服从的精神，把服从看成是自己的天职。在接到任务之后，他们首先想的不是找借口，而是主动挖掘自身潜能，力求把工作做到最好。即使遇到困难，也会千方百计地想办法克服困难，为成功创造条件。

作为员工，如果不能坚决服从企业的指挥，既不利于企业的发展壮大，也不利于个人前途的发展。在企业里，员工只有尊重、信任自己的领导，才能努力去做好自己的工作。这种坚决服从命令的意识，是一种企业与员工之间双赢的选择。

如果一个人可以做到：不论所从事的工作卑微还是重要，都能坚持一种负责、敬业的工作精神，一种服从、诚实的工作态度，同时表现出完美的执行能力，一定会得到企业的青睐，一定能在任何岗位取得非凡的成就。

巴顿将军是美国历史上一位声名卓著的将军。这不仅是因为他战功赫赫，更因为他对上司的命令总是保持绝对服从的态度。即使自己有不同的意见和看法，他也会绝对服从并严格执行。

1941年12月7日，日本偷袭珍珠港之后，美国总统罗斯福发布了7条战争令。巴顿将军摩拳擦掌准备在战场上痛击日军。让人出乎意料的是，他并没有被派往海外战场，而是去美国加利福尼亚州因迪奥附近创建沙漠训练中心。这对于一心想在战场上建功立业的巴顿将军来说是极大的打击，虽然心中十分不满，但他依然大声地对上司说："是！"

在巴顿将军的训练下，一支从来没有沙漠作战经验的军队不但成了全美国最守纪律的军队，还成了第一支能征善战的沙漠劲旅。而巴顿将军也因此声名大振，他的军旅生涯也攀上了一个新高峰。

服从是军人的天职，服从为巴顿将军带来了荣誉和远大的前程。对于企业来说，员工如战士，一个集体的巨大力量来源于个体的服从意识。同样，在企业中，再好的决策也只有通过下属的服从，依靠员工毫不犹豫地执行才能变成现实。而员工的价值也只有在绝对服从中才能体现。

职场中的成功者不一定有很强的能力，却有着成功者的心态。他们勇于承担责任，积极寻找方法，并对结果完全负责，而不是一遇到困难就逃避、退缩、找借口推脱责任。因此，他们经常可以享受到通过自己勤奋和努力所取得的成果。而失败者则总是抱怨没有机会，并不断为自己的失败找借口，却不知正是他们不愿服从、爱找借口才导致了自己的失败。

在巨思特教育集团的董事长办公室，也就是李强老师的办公室，有一个公开的秘密。这个秘密藏在李强老师巨幅相框的背后，却印在每一个巨思特人的心里，它时刻提醒员工——没有任何借口，坚决执行！

李强老师新换的办公室墙壁上有一个暗格，是以前在这里办公的企业留下的，影响到了李强老师办公室的整体格局，无论怎样修饰它都与公司整体的风格格格不入。员工发现这个问题的时候，已经是夜里9点多钟了。李强老师第二天一早就会回到总部，并且有客人来企业参观。李强老师听到员工提出的这个问题，只说了一句："明天我到公司之前，你们必须自己把问题解决，办法你们自己想。"

当时大家都七嘴八舌地议论，提出不同的建议，但是都没有办法把这个黑黑的暗格完美地掩饰起来。最后，这项工作的负责人员说："大家都回去休息吧，明天还要以最饱满的状态迎接李强老师和到访的客人。这个问题我来解决，一定不会让大家失望。"说实话，没有人相信他能做到。

第二天一早，所有的员工都提前半个小时来到公司，到公司的第一件事情就是跑到李强老师的办公室去看。当然，每个人的嘴巴都张成一个"O"形，然后笑着回到了他们自己的工作岗位上。

李强老师和客人来了，一进办公室，墙上巨幅的李强老师的大照片熠熠生辉。原来那位同事连夜找到一家影楼，把老师的照片放大，用相框装好，终于在一早完成了这个任务。照片里的老师干练、自信、风度翩翩。毫无疑问，老师对员工们的工作十分满意。

从这件小事上，所有的员工都体验到了巨思特这种"没有任何借口"、"坚决执行命令"的企业文化，感受到了巨思特的这种工作态度、敬业精神和完美的执行力。或许有些人认为只要工作能力强、业绩突出就可以跟企业、领导讲条件，不必委屈自己绝对服从。事实上，在现代社会，有能力的人很多，但有良好职业道德的人却很少。具备扎实的专业知识，有较强的工作能力，同时又能做到服从、忠诚的人已经成为企业最需要、最欢迎的人才！

一个团队，如果下属不能无条件服从领导的命令，那么在向共同目标前进的时候，就可能产生障碍。反之，每个团队成员都拥有绝对服从的态度，团队整体就能发挥出超强的执行能力，团队实力就能胜人一筹。

长幼有序，永远尊重领导的权威

“长幼有序”，本意是指年长者和年幼者之间要有一定的先后尊卑秩序，这是中华民族的一种传统美德。在企业这个大家庭中，上下级之间同样存在着一种先后尊卑关系。虽然在当今社会已经不存在下属在领导面前自称“卑职”的情况，但下属依然要明确自己的身份、位置，要像年幼者尊重年长者一样对待领导。

领导是企业的核心，企业的发展壮大要依靠领导的决策。现代企业虽然没有森严的等级制度，但也有着最基本的上下级关系。从某种意义上来说：领导在企业中有地位，员工在企业中才有地位；领导有面子，员工才有面子；领导工作做好了，员工才能得到更多的实惠。这也是“强将手下无弱兵”的道理所在！因此，只有领导变得更强，员工才能更强。作为下属，员工要想在工作中得到重用、提携，就必须做到尊重领导，不能随便挑战领导的权威。

其实，尊重领导就是尊重自己。尊重他人是一个人内涵的体现，也是一个人所必须具备的品质。尊重是相互的，要想获得他人的尊重，我们必须先尊重他人。在企业中对待领导也是同样的道理。作为员工，只有尊重领导，才能赢得领导的尊重，否则，只会给自己带来麻烦。

在一个家庭中，家长往往都有一定的权威，在关键时刻作出决策，为家庭成员指明方向。一旦家长的权威受到挑战，家庭就容易陷入混乱。同样，在企业中，领导就像家长一样，员工只有尊重领导的权威，服从其领导，才能保障团队步伐一致，有序发展。

三国时期，有一位名士叫许攸，他自幼与曹操是好朋友。在官渡之战时，许攸在袁绍营中任谋士，当时袁绍的兵力比曹操多很多，但袁绍听信谗言，不但不接纳许攸的计策，还羞辱他。许攸知道袁绍必败无疑，就转而投奔曹操。

许攸献计让曹操偷袭乌巢，使曹军大获全胜。后来，曹操夺取冀州，也是许攸出的计策。许攸因此居功自傲，乃至得意忘形，对曹操经常口出戏言，甚至直呼曹操的小名，在正式场合也不知收敛。

在一次聚会上，许攸对曹操说："阿瞒（曹操的小名），你没有我，不会得到冀州。"曹操一听，哈哈大笑道："你说得一点不错。"曹操嘴上虽这么说，心里却非常不高兴，认为许攸太无礼了。

后来，许攸率随从出邺城东门，又得意地对左右从人说："他们曹家没有我，不可能出入此门。"此话传到曹操耳中，曹操终于忍无可忍，下令杀死许攸。

许攸之死可谓咎由自取，他虽然为曹操建立了赫赫功勋，却分不清自己的身份，不懂得尊重领导的权威，最后引来杀身之祸，实在可叹可悲！在当今的职场，不尊重领导的权威虽然不至引来杀身之祸，但也为自身职业发展埋下隐患。一个不把领导放在眼中，总是挑战领导权威的人，首先就无法做到服从、忠诚，更别提完美地执行领导意图、出色地完成任务。哪个领导愿意留下一个既没有工作成绩，又不懂得尊重自己的人在身边呢？

领导之所以是领导，地位在员工之上，就一定有其过人之处。即使他年龄比我们小，资历比我们浅，甚至能力比我们低，也依然是掌握我们前途命运的人。较高的地位和较大的权力决定他需要有一定的权威来发号施令。当这种权威受到挑战和破坏，他就会怀疑自己的地位和权力，从而感到不快，并把这种不快发泄在不尊重他的人身上。有些人在接到自己不喜欢的任务时，总觉得领导是在刁难自己。事实上，领导在其分工负责的范围内所作的任何决定，所下达的任何命令，都不是代表他个人，而是代表整个团队。所以，我们对领导分配的任务首先应该执行，而不是怀疑甚至指责领导。即使领导的决策出现失误，作为下属，还是应该在服从的基础上，委婉地提出自己的意见供领导参考。既不能当面加以否定、指责，也不能在事后抱怨、轻视领导的决定，或寻找各种借口来推脱责任。领导在做每一项决定之前都必然经过周密的考虑和计划，作为员工，不一定了解真实的情况，更无法站在领导的角度把控全局，所以，很难断定领导的决策是对的还是错的。此时，顾全大局，尊重并服从领导的决策，才是优秀员工应该做的事！

在团队中，尊重领导、服从命令是员工首先要做到的。这也是上下级开展工作、保持正常工作关系的前提。对于优秀的员工来说，无论遇到怎样的领导，除了他明显违反法律以及企业制度之外，员工都应无条件用尊重和服从来维护领导的权威。

在企业中，要想获得更好的发展，必须始终记住：要努力协调好上下级之间的关系，时时处处尊重和维护领导的权威。

群而不党，构建健康和谐的工作关系

古语有云："君子矜而不争，群而不党。"即：君子庄重而不与人争执，合群而不结党私营。矜而不争，群而不党，是每一个优秀员工必备的职业道德素养。在企业这个大家庭中，只有大家一起构建和谐的工作关系，树立正确的团队意识，才能更好地为公司创造更多利益，从而得到更多丰厚回报。

在当今竞争激烈的市场环境中，任何员工都随时面临无法预料的任务和上级分配的工作，当一个人解决不了时，就要向别人求助，这时候拥有和谐人际关系就显得非常重要。能够得到他人相助的人往往能够顺利和完美地完成工作，得到老板的赏识和信任。

一个企业是由多个部门构成的，而优秀的员工，不论在哪个岗位，不论在什么样的团队中，都可以很好地和其他部门的员工处好关系。不仅仅可以拓宽自己的交谊范围，更能够在关键时刻为团队创造利益。只有合理和谐的工作关系，才能让各个部门相互协作，创造出最大的价值。

比尔·盖茨曾经提出优秀员工的十个准则，其中之一就是：必须灵活运用自己在企业中的人脉关系，使自己为企业创造更多价值，从而获得发展空间。

微软公司通过一系列的方法为不同部门的员工提供交流的机会和平台，并鼓励员工去不同的部门工作，利用自己的人脉，在短期内迅速适应企业的需要，并赢得发展机会。在微软，很多员工在一个工作岗位上只待上3个月就会被调去参加别的工作，并且要求完成相应的任务，如果在这个岗位上未能创造出相应的价值，就得不到重用。

在一个团队中，员工要想出色地完成任务，不但需要极强的工作能力，还离不开他人的帮助。这就要求员工必须具备强烈的团队精神，处理好和其他团队成员之间的关系。而这种精神，首先要改变的是自己的态度，不能孤芳自赏，要认识到别人的长处，不断向别人学习，并不断反省自己，不能因为自己学历高、资历深就不屑与其他同事为伍，不能为了个人时间就放弃参加公司的集体活动，不能将自己封闭起来，要努力与他人构建和谐健康的工作关系。

任强因为在程序设计方面专业过硬、能力突出，所以被高薪聘请到一家世界知名的软件公司做技术员。进入公司半年多，任强在工作中表现出色，技术能力得到别人的认可，每次都可以按时保质保量地完成项目任务。别人眼中的难题，到了任强这里十有八九会迎刃而解。为此公司管理层有意向提拔他为项目主管。

然而，公司在对他的考察中发现，任强除了完成自己的任务，从不关心别人的事，而且对自己的技术也很保密，很少为别人解答，和别的项目组更是很少有来往，从来不关心别的部门项目的进程。除此之外，任强总是以各种理由拒绝参加公司举办的集体活动。虽然他进入公司已经半年多，但除了本部门的几个同事，以及他的直属领导之外，公司里的大部分人居然都不认识他。甚至连人事部门也要对照员工履历表才能叫出他的名字。

最后，公司管理层经过商讨决定放弃对任强的提拔。

虽然任强的工作能力很强，也取得了一定的成绩，但他却不是一个合群的人，不能为自己构建一种和谐的工作关系。一个人只有把自己放在团队中才能取得更大的成就。一个缺少团队精神，不懂得与他人合作，不能与他人和谐相处的人，不可能得到企业的重用。

每个人都不是全能的。随着社会分工的细致程度加深，企业和老板更注重精于某一方面的人才，只有这样，才可以让每个具体的工作得到落实，才可以让企业不落后于市场。而优秀的员工会在发挥自己才能的同时，团结其他员工，形成一个具有强大凝聚力的整体，在和谐工作关系下，为企业创造更多利益，让自己的价值在其中得到升华。

成功之路，其实很简单，就是团队合作。在健康和谐的工作关系下，努力工作，为企业创造价值，那么自己就会获得企业的奖励和信任，而不是背叛自己的企业，搞自己的小团队，谋自己的小利益，否则只会被企业抛弃。

周伟是一家食品公司的销售员。他为人圆滑，深谙与人相处之道。在公司里，他如鱼得水，深得同事和领导的喜爱，连其他部门的同事都对他赞不绝口。但是，周伟并没有利用这些关系为自己建立和谐、健康的工作环境，为公司创造更大的利益，而是悄悄地组建自己的小团队，计划为自己谋取一些私利。

一次，周伟准备偷偷卖掉公司的一批货物。他先利用自己在仓库管理人员中的关系在没有完善手续的情况下提出了货物，然后又利用自己在会计部门的关系做了一份假账……就这样，周伟在自己的小团队“帮助”之下，瞒天过海，窃取了公司利益。

最后，公司在查账的时候发现了周伟的行径。经过详细调查，不但周伟一人受到了处罚，他那个“小团队”也被彻底摧毁，凡是有牵连的人不但被公司开除，还要等待法律的制裁。

周伟在公司结党拉派，为自己谋取私利，为了一点蝇头小利断送掉自己的前程，实在不足取！在职场中，只有群而不党，才能为自己营造健康和谐的工作关系，才能在工作中有效展现自己的价值，才能促进团队的发展。

甘当配角，顾全大局才能双赢

一个以自我为中心的人常常是不受欢迎的。每个人都想在工作中多表现自己，如果谁都抢着立功，不和其他团队成员配合，不懂得合作，没有人做后勤，没有人服务，那这个团队一定不能完成任务。一个团队成功的关键就在于合作。只有团队成员各司其职，相互合作，才能增强团队的整体实力。

任何一场好看的电影中，都有主角和配角。电影的好坏，主角的演技固然重要，但配角的配合同样起到举足轻重的作用。只有主角和配角通力合作，都有精彩的表演，不放过任何一个细节的处理，整部电影才算真正好看。所以，很多影视奖除了设置“最佳女主角”、“最佳男主角”的奖项之外，还设置了“最佳女配角”、“最佳男配角”以及“最佳化妆”、“最佳摄影”、“最佳剪辑”等看似配角的奖项。因此，即使我们是团队中的一个配角，也不要抱怨，更不要气馁，要学会顾全大局，认真做好自己的本职工作，尽心尽力配合主角完成任务。团队的成功同样是我们的成功！否则，团队不成功，当了团队的主角也不可能成功！

小李大学学的是会计专业。大学毕业后，他应聘到一家著名企业做会计。在公司，会计不能作为主力为公司冲锋陷阵，只能作为营销、生产部门的助手，是个配角。工作一段时间之后，小李发现公司有“技术标兵”、“营销尖兵”，却很少有会计露脸的机会。他为此感到非常郁闷，甚至想改行做业务。正当小李对此犹豫不决时，一件事改变了他的想法。

一次，营销部门要签一份非常重要的合同，公司安排小李协助。营销人员从做市场调查到策划方案，都经过了缜密的思索研究，账目只是其中一个固定的步骤，并不起关键作用。但是，小李却积极配合营销人员工作，全程参与，将所有的账目全部进行认真的梳理、计算，从会计的角度提出了更加合理、节约的意见，为营销人员提供了有力的参考。最后，在整个团队的努力下，顺利签下了合同。负责人拿着合同高兴地拍着小李的肩膀说："你功不可没啊！"

小李这才明白，会计虽然是配角，但在公司整体运行中却必不可少，只要自己好好干，也能为公司的发展作出巨大贡献，也能成就自己！

如果小李不甘当配角，和营销人员抢风头，不但会丢掉自己学习多年的专业，还有可能因为缺乏经验在营销上栽跟头！身处职场，无论身份高低、能力大小，都有可能成为别人的配角。顾全大局是一种高度负责的意识，是个人利益和团队利益的高度统一！其核心是协同合作，最高境界是团队成员的向心力和凝聚力，从而推动整个团队的高效运转。

顾全大局，要求员工以大局为重，摒弃以自我为中心的态度，不计较个人得失。个人利益必须服从团队的利益，为了团队，个人必须做出一定的让步，甚至不惜牺牲个人利益来成全团队的利益。如果员工能够顾全大局，明确自己的位置和责任，就会知道什么是该做的，什么是不该做的。这种站在责任角度上的取舍，就是在自我和大局之间做选择的过程。一个能舍弃自我利益，保全团队利益的人，在团队成功的同时，也一定会得到相应的补偿和回报。

迈克尔·乔丹曾是NBA最伟大的球员。他之所以能够取得良好的声誉，不仅因为他专业而全面的技术，是篮球场上的领军人物，更重要的是，在赛场上，为了团队的胜利，他能够随时牺牲个人利益，充当优秀的配角，为别的球员助攻、协防，而不只是一味地表现自己。

乔丹这种顾全大局的精神也深深感染了他所在团队的其他成员。在NBA球场上，芝加哥公牛队越来越多的队员开始主动承担配角的责任。也正因为如此，芝加哥公牛队一度成为NBA最伟大的球队。

乔丹的成功不仅源于他个人的努力，更源于团队整体的成功。同样，在职场中，无论是普通员工还是管理人员，都不可能在没有他人支持和帮助的情况下独立完成全部的工作。每个人都需要有同事、领导和下属的支持与配合，否则，能力再强也难以获得持久的成功。而且，当我们甘愿当配角，为他人的工作提供配合的时候，这种做法也会传染给我们周围的人，大家都会认真做好配角的工作，在团队中营造通力合作的氛围，为团队的成功付出最大的努力！反之，不愿当配角的消极情绪同样会传染给周围的人，结果人人都想当主角，抢着出风头，损害大局利益，最后坐失团队发展良机，谁都无法成功！

甘当配角是通向成功的必经之路！卓越员工不会一味地追求个人的成功，更不会以损害团队利益为代价来换取自己的成功，而是在甘当配角的基础上，为团队整体的成功奉献力量，从而为自己赢得更多的成功机会！

第五章　有礼有节，成为高素质员工

所谓“有礼有节”，通俗点讲就是有礼貌、懂人情、知世故、识大体、明伦理。一个彬彬有礼、注重形象、不树敌、有教养的人无疑会事事顺利，更容易取得事业上的成功！

维护企业利益，做有“家教”的员工

所谓“家教”，一般指家庭中的礼法或家长对家庭成员进行的关于道德、礼节方面的教育。自古以来，一个人在社会上的言行举止无不透露着他的“家教”如何。对于无礼之人，人们往往会指责他缺少“家教”。表面上看，是对他的批评，实际上是对其背后家庭的批评。

在当今社会，每个职场人士身后都有一家企业，他的一言一行不仅展示了其所在家庭的背景文化，更展示了其所在企业的背景文化。尤其是在竞争激烈的商场中，人们关注更多的往往是员工言行所展示出来的企业形象、文化如何，从而判断这个企业的竞争力以及发展前景。一个高素质的员工，在任何时候都不会忘记自己身上带着企业的“标牌”，并且严格遵守企业纪律，从自身出发，努力为企业塑造一个好形象，维护企业利益。

能否很好地维护企业利益，是衡量一个员工是否具有良好职业道德、是否有“家教”的前提。毫无疑问，任何一家企业都更倾向于选择把“维护企业利益”作为基本职业观的员工，哪怕他的工作能力在某方面稍微有所欠缺。做事先做人，一个缺乏职业道德、没有“家教”的员工将很难在企业中获得长足发展。

多年前，巨思特公司有一个员工，接了一笔很小的业务，对方要求也不高，只需要一场培训以及一些简单的课件就可以了。这个员工觉得不必在这么小的业务上浪费时间，所以就把以前的一份课件随便做了一些文字加工和改动就传给了对方。很多公司已经更新的培训内容，他虽然知道，却并没有加进去。

之后，公司的培训师为对方做了一场非常精彩的培训，对方表示很满意。这个员工原本以为这笔业务完成得很好，心里还有些得意。事实却并不是这样。

一年后的一天，还是这个员工和其他人组成一个项目小组，到北京去和一家新开业的企业谈业务。一切都很顺利，谈判已经进行到商讨具体的培训方案环节。不料，对方的负责人却提出："我们对贵公司的培训水平十分认可。但是，对于你们派来谈判的这个年轻人印象很不好。要合作可以，但是必须换一个人来谈判。"原来，这个负责人正是当年那笔业务的负责人。

回到公司后，项目小组组长向公司汇报了这件事。经过调查，大家才知道个中原委。虽然这个员工的能力还不错，但考虑到他所造成的恶劣影响，公司还是决定将他开除。

员工是企业最直接的发言人。一个缺乏良好素质，没有把"维护企业利益"放在心上的员工，就不能在工作中严格要求自己，把每一个细节都做到位，为客户提供最优质的服务。这样的员工怎么能够赢得别人的信任与赏识呢？真正优秀的员工应该从一点一滴做起，像小时候遵守家中的礼法那样认真，渐渐树立一个有"家教"、有素质的好形象。

那些把公司的利益时刻放在心中，无论在公司内还是公司外都能严格要求自己，随时准备为企业利益奉献自己的员工往往能够得到更多的机会。

布莱恩·克莱门斯是美国著名的考克斯有线电视公司的工程师，他的工作地点在郊区。

一天，布莱恩到市区一家器材行采买木料。在他等待切割木料的时候，无意中听到器材行的老板在抱怨考克斯公司的服务实在太差了，店里的有线电视已经坏了将近半个月居然还没有人来维修。老板越说越生气，其他店员也都围过来，有的还随声附和，不停地指责考克斯公司。

布莱恩只是考克斯公司普通的工程师，而且这家器材行并不属于他的工作区域，他也没有穿公司的制服，更关键的是，当时他正在休假，家里还有很重要的事情等着他去做。在这种情况下，布莱恩完全可以对他们的抱怨置若罔闻，买好木料转身就走即可。

然而，布莱恩却走上前打断他们的话："对不起，先生，我听到你们在抱怨考克斯公司的服务不好。实不相瞒，我就在考克斯公司工作。你是否愿意给我一个机会来改善一下你所说的状况？我向你保证，我们公司的服务并不像你说的那么糟糕，你的问题将会得到很好的解决。"

对方露出了惊讶的表情，没有提出反对。布莱恩微笑着走到电话旁，拨通了公司售后服务的电话，详细说明了情况。公司立刻派出维修人员到这家店里解决问题。不仅如此，布莱恩休假结束，回到公司上班之后，还特意打了个电话给对方，确定对方对一切都满意之后，再次为给对方造成的不便道歉。

很快，考克斯公司就收到了那家器材行老板发来的表扬信。信中表示，布莱恩的行为使他看到了考克斯公司有着良好的企业文化，能够拥有如此负责的员工，考克斯公司一定是一家值得信赖的好公司。

布莱恩也因此得到公司的重用和提拔。

"家教"并不是嘴上说出来的，而是从一个人的言行举止中展现出来的。布莱恩用实际行动展示了自己优秀的职业素质，为企业塑造了认真负责的良好形象，维护了企业的利益。

在一个团队中，一个缺少“家教”，只知道一味追求私利，不把企业利益放在心中的人，只会给团队带来负面影响。反之，一个有强烈事业心、一心为企业利益着想的高素质员工，才是老板欣赏并愿意重用的人。

勿以善小而不为，勿以恶小而为之

三国时期，诸葛亮曾说："勿以善小而不为，勿以恶小而为之。"意思是说：不可以因为好的事情过于渺小而认为不值得去做，也不可以因为坏的事情很小而去做。这句话讲的是做人的基本道理，在职场中，只有懂得如何做人，才知道如何做事。尤其是在团队中，无论多么细小的事情，都可能影响到全局。小事是促成大事的基础，大事则是小事的累积。正如海尔张瑞敏所说，把每一件简单的小事做好就是不简单，把每一件平凡的小事做好就是不平凡。在工作中，张瑞敏同样是一个不放过任何一件小事的人。他不仅这样要求自己，更这样要求下属。

海尔原冰箱二厂有一个基层管理者在上班的时候打瞌睡，刚好被来检查的张瑞敏碰到。张瑞敏抓住这件小事处罚了他，震撼了整个海尔集团。很多人都觉得张瑞敏有点小题大做，而张瑞敏却认为，这虽然只是一件小事，但这种行为反映了海尔集团当时很多管理者的一种普遍思想倾向——觉得企业发展得好了，不用再那么认真地工作了。所以，张瑞敏决定拿这件小事开刀，以整顿海尔集团的工作风气。

上班的时候打瞌睡虽然只是一个很小的错误，但它却反映了一个大问题。只有把每一个小错误、小问题都解决好，从一点一滴认真做起，才能防微杜渐，使个人和团队都获得良好的发展。

一个企业就像一个庞大的家庭体系，而组成这个“家庭”的每个员工，都是这个“家庭”最基本的成员。人们常说，从一个孩子的言行举止就可以推断出这个孩子的家庭背景，从而得知这个孩子父母的性格品性。而作为企业的员工，就像是企业这个大家庭的孩子一样，其一言一行都代表着企业的形象，都影响着企业的发展。

德国的拜尔公司准备在中国投资开发药品市场，准备找一家合适的药品生产厂家投资。拜尔公司派代表到中国的一些药品生产厂进行考察，在考察最后一家药品生产厂时，拜尔公司的代表们已经在心里考虑回到公司后该怎样向领导汇报的事，因为他们所考察的这几家药品生产厂的综合水平差别都不大。

在进行了短暂的室内会谈之后，药厂厂长便陪同代表们参观生产车间。就在参观制药车间的过程中，有位代表看见有一名员工不一会儿就要跑出车间一趟，尽管他很快就会回来，继续检修机器的工作，他的行为仍然引起了这位代表的好奇。于是厂长就把那名员工叫到办公室询问原因。原来，这名员工因为感冒引发了鼻炎，他不一会儿就跑出车间一趟是为了清理鼻涕，以免在经过重重消毒的车间内造成污染。

拜尔公司的考察代表听了之后深有感触。一名小小的车间维修工都能将企业的安全生产看得如此重要，那么这个企业的制药质量一定会让人满意。回去之后，代表们如实汇报了这次考察的结果，并重点推荐了这家药厂。最终，这家药厂顺利得到了拜尔公司的投资。

这个维修工虽然只是药厂最普通的员工，却能够把感冒这样的小事和安全生产联系在一起，并严格要求自己，不让感冒影响到工作。他的行为不仅体现了较高的职业素质，更体现了其所在企业对安全生产的严格要求。也正因为如此，这家小企业才获得了拜尔公司的青睐。

当今职场的竞争，实际上就是细节的竞争。对于员工来说，在工作细节中所展现出来的工作水平，以及道德水平，往往就体现着其价值的大小。要成为一名优秀的员工，我们必须要从身边的小事做起。我们不能因为一件事情太小而不去努力做好，更不能认为有些事情太小而不去在意。

我们今天对每一件小事的态度都可能会影响到明天事态的发展，甚至影响到我们的职业生涯。在工作中，我们应该把“善”像种子一样播下，让它生根发芽。不要因为种子太小就放弃，再小的种子也能开出美丽的花朵。而“恶”就像是已经霉烂的种子，必须决断地丢弃，否则会导致其他种子也跟着一起发霉烂掉。

在分工越来越细、合作越来越强的现代社会，任何人都有属于自己的团队，如果不能看清自己的位置，把小事做好，我们就会成为团队中“霉烂”的那粒种子。在环环相扣的工作中，那些小错误、小问题就会不断地被放大，最终可能会给整个团队带来无法挽回的损失。

学会使用基本的礼貌用语

语言是我们在日常生活中用来传达信息的工具，也是我们参与社会活动的最主要的行为方式，更是人际交往的桥梁。从一个人说话的内容和表达方式中，往往就能够看出这个人的道德、文化等各方面的修养。一个随时随地都把礼貌用语挂在嘴边的人，在无形之中已经展示了其良好的修养以及高贵的品格。在包括工作在内的各种社会活动中，礼貌用语是一个很重要的礼仪形式，也是展示一个人品格的窗口。

员工作为企业对外的代言人，员工的形象和素质在很大程度上代表了企业的形象和文化。作为职场中人，企业的礼仪形象不只是要求员工有得体的仪表、规范的行为举止，更需要员工有良好的礼仪修养，即拥有较高的知识水平、修养以及风度。

中华民族的传统文化是以礼仪为核心的文化，在当今社会，注重礼仪同样是一种高尚的品质和良好的行为习惯，需要我们在工作和生活中不断体会和使用。礼貌用语作为礼仪的一种重要表现形式，在日常生活中使用得最为广泛，也最能体现一个人的礼仪修养。虽然“您好”、“请”、“对不起”、“谢谢”、“再见”，仅仅只有10个字，却起着十分重要的作用。如果能够在日常工作和生活中恰当、合理地使用这10个字，将会给我们的工作和生活带来极大的便捷。

礼貌说话不用花钱，却能赢得一切。古语有云：“敬人者，人恒敬之。”礼貌用语是一个人应有的基本修养，在和他人交往的时候，经常使用礼貌语言的人会给人一种好感，受到别人的尊重。然而，礼貌用语的使用必须注意环境和对象，否则，反而会好心办坏事，给自己带来麻烦。

陈家新大学刚毕业时曾在一家贸易公司任职。有一天，部门领导出去和客户谈合同谈了很久，又赶上室外风大，领导回到办公室时一副灰头土脸的样子。领导嘴里还嘀咕着："真倒霉，遇到这样的天气，还被客户刁难。连午餐都没顾得上吃，饿得要死，真是快气炸了。"

陈家新当时正在忙，听了领导的抱怨，就随口说了一句："辛苦了。"他的本意是安慰领导。谁知，领导听完他的话之后，突然非常生气地对他说："什么辛苦了！你干脆来拍拍我的肩膀，对我说'干得不错'算了！你以为你是谁啊！"

陈家新听到领导说的话很莫名其妙，心里还想自己一片好心，怎么会被领导曲解成这样？因此，他郁闷了老半天。

到后来陈家新才明白，"辛苦了"是上司对部属或者前辈对晚辈才能用的慰问语，自己仅仅是个刚刚大学毕业的职场新人，却对领导说那样的话，难怪已经满肚子气的领导听了之后会更加生气。

陈家新到底该怎么说才恰当呢？很简单，只要在"辛苦了"前面多加一个"您"字，整句话的语气感觉起来就完全不同了。虽然"辛苦了"和"您辛苦了"两句话的意思几乎完全相同，但是表达出来的意义和语气却是截然不同的。"您"从字形上来讲是"心上有你"，一开口就显示出了对领导的尊重，领导自然不会再生气。

在一个企业内，有很多管理者和员工在一起工作。在日常的相处中，难免会有一些这样或那样的事情发生。这时候，个人素质的高低将会直接影响其在企业中的形象和人际关系。如果能够坚持使用礼貌用语，在遇见领导或同事的时候礼貌地问候；在别人给予自己帮助的时候客气地表示感谢；在打扰到别人的时候真诚地道歉；在接受别人致歉的时候回以诚心的谅解……将会使我们在企业中的人际关系得到极大改善。

虽然只是“您好”、“请”、“对不起”、“谢谢”、“再见”10个字，说起来很容易，但真正要用好却并不简单，稍有不慎就有可能引起误会，给自己带来不必要的麻烦。

在实际交往中，必须根据时间、地点、对象的不同而选择合适的礼貌用语。不仅要做到在说话的时候语言得体，更要选择恰当的言辞、动作来配合表达自己的礼貌和心意。尤其是在语言词汇上的选择，一定要根据对象的不同而选择不同的表达方式。如果对象是你的领导，就不能随随便便地说：“谢啦！”尤其需要注意的是，无论对象是谁都不能忘记礼节，见面问候、分手告别、得到帮助后的致谢、犯错后的致歉等必要的礼貌用语绝对不能省略。

在职场中，除了要学会使用这些最基本的礼貌用语之外，还有一些约定俗成的避讳要注意。首先就是避免谈别人的隐私。每个人都有一些自己的秘密和隐私，在与别人交谈时避问隐私是有礼貌的重要方面。比如说，问男性收入情况、问女性年龄等就是不礼貌的行为。其次，要注意的是言语粗俗，甚至满口粗话、脏话。这样的人无论走到哪里都不会受欢迎。最后，要避开忌讳，选择一些社会通用的避讳语来替代，这也是一种重要的礼貌语言。比如，某人“死了”说“去世了”、“走了”等。

俗话说：“良言一句三冬暖，恶语伤人六月寒。”而礼貌用语就属于良言之列。熟练使用基本的礼貌用语，将会有助我们在未来的职业生涯中取得更加辉煌的成就。

保持良好形象，随时准备为企业形象加分

西方有一个著名的7/38/55定律，证明人们对一个人的观感，只有7%来自谈话内容，却有38%和55%来自人的行为和形象是否让人信服。可见，只有随时保持良好的形象，才能随时在面对朋友、同事、老板和客户时表现优异，为自己和企业赢得认可，从而让自己获得成功。

法国时装设计师香奈儿曾经说过："当你穿得邋邋遢遢的时候，人们注意的是你的衣服，而当你穿着得体的时候，人们注意的是你本人。而只有随时保持好的形象，才能让别人注意到你本人。"在企业中判断一个员工是否优秀，不仅看他的能力，还要看他的日常行为、外表形象是否得体；在社会中判断一个企业是否优秀，更多的是通过这家企业员工的形象，而不是外人看不到的技术。对于员工来说，不论是为了让自己在企业中立足，还是为企业在社会中树立良好形象，都需要随时保持自己的良好形象。

为此，员工在每天出门的时候都应该好好想想今天应该穿什么衣服，在工作中也要时刻提醒自己是否礼貌待人，是否举止优雅，自己的办公桌是否整洁等。这些小细节实际上在无形中就已经体现了我们在领导、同事、客户心目中的形象。一个对自己的言行举止满不在乎，穿着邋遢的人，很难给别人留下好印象，甚至还会导致客户对自己的企业丧失信任，不利于自身和企业发展。

王璐大学毕业后到一家大型的传媒公司工作，这家公司制度不

是非常严格，在员工的着装上并没有太多规定。尽管如此，其他员工依然很自觉地穿较为正式的衣服上班，王璐却不以为然。她经常根据自己的喜好随便穿衣，夏季的时候甚至会穿着很暴露的衣服、浓妆艳抹地来上班。她认为自己只要将工作完成就可以了，至于穿着，反正公司也没有明确规定，就我行我素。

和她要好的同事偷偷劝告她注意自己的穿着，否则会影响公司的形象，王璐不但没有听取她的建议，还变本加厉。一次，在召开全体员工会议的时候，穿着怪异、浓妆艳抹的王璐引起了老板的注意。老板十分严厉地批评了王璐，还要求她立刻回去换衣服。并对所有员工说："一个员工如果不能严格要求自己，严于自律，就会影响公司的形象和运行。虽然我们公司没有对衣着方面的过多要求，但是每个员工都要严于律己，自觉地将自己的行为规范化，而不是仗着自己有才华和能力就为所欲为。"

或许王璐认为穿什么样的衣服、化什么样的妆是自己的事，和别人无关。但是，当一个人进入一家企业，就已经和这家企业，和企业里的所有人捆绑在了一起。在工作时间之外，我们可以按照自己的喜好来装扮自己。但在工作时间之内，我们不只是属于我们自己，还属于企业，我们的形象时刻都在向别人展示着企业的形象，只有专业、简洁的形象才能给人带来信赖感，才能给企业的形象加分。

美国学者曾经对100家公司的执行总裁做过一项调查，其中90%以上的人认为，懂得展示自己良好形象与个人魅力的人在公司有更多的机会，而所有人都认为，如果有如何"保持自己良好形象，随时准备给企业争光"的课程，他们都会送员工去学习。

作为企业这个大家庭中的一员，员工的形象实际上在一定程度上就代表了企业的形象。因此，员工必须时刻注意自己的形象，随时随地准备为企业的社会形象加分。良好的形象不仅包括自己的着装，也包括自己的言行举止和职场礼仪。有时候，一个小细节就可能会毁掉即将到手的机会。

巨思特公司以前有一个部门经理叫李杰，由于工作能力突出，他很快就升到了经理的位置。随着职位的提升，李杰渐渐变得有些自满，对自己办公室的卫生也不再像以前那样认真打扫，文件总是随意堆在办公桌上。虽然也有人进来帮忙打扫，但是由于李杰不注意维持，很快就恢复原样了。

一天，一个客户来公司洽谈合作，由于涉及资金数量庞大，项目就由李杰直接负责。在进入李杰办公室的时候，客户看到李杰的办公室很不整洁，不禁皱了皱眉头。在接下来的洽谈中，虽然李杰详细介绍了合同的内容，甚至提出了优厚的条件，但是对方最终还是拒绝与公司合作。在临走的时候，客户对李杰说："一个办公室如此混乱的人很难让我们相信他有出色的工作能力。而贵公司派你来负责这件事，也让我们怀疑贵公司的诚意和实力。很遗憾，我们不能和这样的企业合作。"

事后，在调查合作失败的原因时，有人把客户的话告诉了公司老总。公司老总知道后，特意去李杰的办公室看了看，结果令人非常生气，公司老总不但严厉批评了李杰，还撤掉了他经理的职位。

从表面上看，李杰是因为办公室不够整洁而给公司带来了损失，同时自己也失去了发展机会。其根源在于他对自身形象不够重视，没有把自我形象和企业形象联系在一起，不懂得只有每个员工都保持良好的形象，才能提升企业在客户心目中的形象，才能促进企业的发展，个人才能获得更多升迁的机会。

彬彬有礼，维护企业的声誉

美国联邦储备委员会前主席格林斯潘曾在哈佛大学演讲时这样说：“在今天的世界，产品的经济价值越来越体现于无形资产。作为一种特殊的无形资产，声誉的竞争已经成为经济前进的驱动力，在商品交易中，事前评价生产商的声誉已经逐渐形成惯例；而对服务商，他们唯一能提供的就是声誉。”可见，企业的声誉对于一家企业的发展正起着越来越重要的作用。

良好声誉的形成并不是一朝一夕的事情，需要长期积累和培育。在这个漫长的过程中，任何有损企业声誉的言行都可能会使之前的努力毁于一旦。所以，企业的声誉需要企业所有成员的精心维护。员工作为企业位于市场最前沿的人员，随时都会面临企业声誉受损的情况。而高素质的员工会选择彬彬有礼地处理这些事件，通过自己的一言一行来征服对方，维护企业的声誉。

一个较为古板的中国教授在日本访问的时候，他的一个日本朋友带着夫人到教授住的地方拜访他。聊天时，那位日本朋友的夫人突然说：“我注意到你看的电视机不是索尼牌的，为什么不用索尼的呢？”

教授的电视机是东芝牌的，教授想了一下问：“为什么要用索尼的呢，我觉得东芝电视机看起来还不错啊！”

夫人放下碗筷，微笑着答道：“索尼电视机在电视画面成像技术方面做得很优秀，而且售后服务也相对于其他企业好啊！”

这时候教授才微微抬头，看着这个有礼貌的夫人，才知道原来她是索尼公司的员工，既不是主管，也不是高层的管理人员，只是一个普通的员工。但是当她看到别人用的电视机不是索尼牌的时候，就会很有礼貌地说出这些话，因为她时刻都有维护自己企业的声誉的意识。她觉得索尼公司的产品是最棒的，并以此为骄傲，在面对朋友、家人和邻居的时候，就会很自然地说出索尼公司的这些好处。

这位夫人在面对教授对自己企业声誉的挑战时，并没有勃然大怒，而是有礼有理地说出自己企业产品的诸多好处，让对方心服口服。其实，很多日本企业的职员都会有这样的意识和习惯，都认为自己所就职的企业是最棒的，所以非常在意别人对自己所在企业的产品的评价，一旦发现有损企业声誉的言行，就会立刻纠正，但前提是彬彬有礼。

企业的声誉固然是要靠企业的各项硬件设施和软件的开发，但是更重要的就是需要每个员工从自身做起，处处维护企业的良好声誉。一个优秀员工的礼貌行为，会折射出这个企业的整体形象，从而影响企业的声誉，进而直接提升企业的市场竞争力。

周倩是一家超市的收银员，和众多收银员一样，每天在收银台忙忙碌碌地工作，其中很多人都在一言不发地工作，只有周倩在每个顾客付款的时候说句“你好”，并且对顾客保持真诚的微笑，在付款过程中询问顾客购物是否愉快。

很多同事都对周倩说，不要浪费太多口舌，只要快速地收钱和找零就行。但是周倩却说：“我们在收钱时保持良好的形象，能够让顾客对我们超市的印象更加深刻，下回还有可能来我们超市购物。”经理知道这样的事以后，很快将周倩升为主管，她的薪水也因此涨了不少。

周倩用自己的言行很好地维护了企业的声誉，提升了企业在顾客心目中的形象。她也因此获得了更好的发展机会。每一个员工都应该像周倩一样从自身做起，从每件小事做起，从细节入手维护企业的声誉。

一个员工，在做任何事情的时候，都要为公司着想。当员工时刻为公司着想的时候，就会处处维护自己企业的利益。尤其是在与人交往的时候，应时刻注意维护企业声誉，不说有损企业声誉的言论，不做有损企业声誉的事情。要知道，这时候我们不仅代表我们自己，更代表了企业的形象。当我们对企业或者同事有不满的时候，应该在企业里通过正常途径解决，而不是对外指责自己的企业，损害企业的声誉。作为企业的一员，我们必须坚信：我们所在的企业和产品是最优秀的，在企业声誉受到损害的时候，应该全力维护和宣传企业的声誉。不论我们是一名普通的员工，还是位高权重的管理者，都应该随时随地尽力维护企业的声誉，而不是轻视它，因为轻视自己的企业，就是轻视自己。

言而有信，人无信则不立

人贵在言而有信，言出必行。而现代企业中缺少的恰恰就是“言而有信，言出必行”的人才。诚信是对自己肩负使命的一种责任，唯有诚信的人才能够担负起这种责任。正是因为诚信的存在，才能够对自己的行为有所约束，才不会让自己因不守承诺而变得平庸。

一个员工，只有诚信地对待自己的企业，诚信地对待企业中的同事和老板，诚信地对待客户，才能够获得赏识和信任，才能在企业中立足，才能为人生发展打好基础。

张强是一家跨国公司办公室的一个打字员，平时的工作就是帮同事打打文章，整理整理文件。一天中午，同事都去吃饭了，因为还有工作没有完成，办公室就剩下他一个人还在工作。当他完成这些工作，准备去吃饭的时候，董事长正好也要出去，看见他在办公室就以为他是吃完饭回来了，就让他找一些文件，然后送到董事长办公室去。

虽然这并不是张强分内的事情，但是他还是答应了。找了很久以后，同事都吃完饭回来了，问他在找什么，他说是帮董事长找一份文件。得知他还没有吃饭时，大家都让他先去吃饭，回来再找。他却笑着摇了摇头。

当张强把文件送到办公室的时候，董事长刚好吃完饭回来，就随口问了一句：“你吃饭了吗？”张强有些不好意思地说：“我现在就去吃。”董事长惊讶地说：“你还没有吃饭？那你刚才怎么不先去吃饭再帮我找文件？”张强严肃地说：“我已经答应董事长了。如果我先去吃饭，您回来看不到文件一定会觉得我言而无信。说到就要做到，这才是做人的原则啊！”董事长听后露出了赞赏的笑容。

年底的时候，公司需要进行人事调整，有一个部门经理没有人选，董事长自然想到了言而有信的张强。

诚信为张强赢得了信任，更赢得了机会。在职场中，每一个优秀的员工都应该时刻提醒自己要以信而立。既然从事了一种职业，选择了一个岗位，我们就必须负责到底。在工作中，答应了的事情，不管遇到什么困难，都要尽力去完成。不管是对同事、领导还是客户，都要树立诚信至上的原则，要全力以赴地去完成自己许诺过的事情。

一个优秀的员工需要诚信意识，需要在日常工作中诚信待人。一个优秀的企业也是如此，在对待自己的客户时，同样需要树立诚信，这样才能取得客户的信任，才能凝聚力量，才能树立良好的声誉，才能在市场竞争中处于有利位置，从而推动企业的发展。

美国一家著名牛奶公司的下属企业，在一段时间内对其生产的酸奶制品提高了价格，并搞促销赠送的活动，好多客户已经订购了长期的奶票，有几个月的，有半年的。但是，促销活动结束10天以后，这家企业就私自降低了每袋酸奶的克数，由原来的228克降低到200克，他们节约了28克的成本，却让顾客损失了28克的利益。

开始并没有人注意到这一变化，但随着客户的反映，这家企业的奶制品销售业绩直线下降。牛奶公司发现了这一问题，立即对这家下属企业进行了严厉的处罚，并公开向消费者致歉，允诺接下来会对所有已经购买这家企业牛奶的客户进行补偿。同时，进一步解释这一问题的发生经过，承诺再次调整克数时一定调整价格，并提前公布消息。由于发现及时，这家牛奶公司的声誉并没有受到多少影响，反而因为在对这件事情处理的过程中表现出来的诚信又吸引了一批新的客户。

这家牛奶公司的事例说明：一个企业的长远发展，离不开社会和客户的承认，离不开他们的信任，而企业只有对客户、对社会诚实，才能获得长远的发展。诚信作为企业声誉的基石，是企业软实力的重要组成部分。企业在市场中越诚实守信，就会越提高企业的竞争力。

信誉是企业无形的财富，作为企业的一员，员工的不诚信，不仅仅会影响自己在企业中的发展，还会影响企业在社会中的声誉，影响企业的利益。每个员工都要做到言而有信，只有诚信对待客户和同事，才能赢得他们的信任，才能让自己和企业处于竞争的有利地位。

克己复礼，让自律成为一种习惯

孔子曰："克己复礼为仁，一日克己复礼，天下归仁焉！为仁由己，而由人乎哉？"意思是说：克制自己，一切都照着礼的要求去做，这就是仁。一旦这样做了，天下的人都会称许你是仁人。实行仁德，完全在于自己，难道还在于别人吗？可见，一个人如果能够做到自律，严格要求自己，对自己的行为负责，在日常生活和工作中做到不符合礼的事情就不要去做、不要去看、不要去说、不要去听。

一个优秀的员工，只有养成自律的习惯，才能够严于律己，才能遵守企业的规定，才能认真完成工作，获得同事尊重和老板的信任。虽然养成自律的习惯，不能为我们带来直接而可观的好处，但是如果我们不养成严于律己的习惯，我们所取得的成就就会相当有限，因为我们不自律的态度会从潜意识中影响我们的工作，从而使我们不能合格地完成任务。

周文和李东同为一家大型香皂生产企业的员工，也是好朋友。企业有明确规定，不准将企业生产的香皂带回去自己使用。由于企业生产规模较大，员工较多，每天上下班的检查力度很小，周文便产生了将一些卖不掉的香皂带回家自己使用的念头，并怂恿李东一起做。李东并没有同意。当周文成功带回家几块没有卖掉的香皂之后，他再一次怂恿李东。然而，这次李东不仅没有答应，还严厉地斥责了周文。周文没有把李东的话放在心上，仍旧我行我素。

纸永远也包不住火，老板很快知道了这件事，并立即辞退了周文，同时提升李东为部门经理。老板说："我们企业不缺周文这样一个生产香皂的员工，缺的是李东这样一个负责的、能够严于律己的优秀员工。一个员工若能不为利益所动，严格要求自己，遵守企业规定，用严于律己的态度工作，必然能够获得成功！"

周文和李东的差距仅仅在自己的一念之间。如果周文也能够像李东那样自律，即使别人都不知道也能够严格要求自己按照礼法的要求去行事，就不会落得被辞退的下场。在职场中，员工只有严于律己，严格要求自己的行为，才能认真对待自己的责任，才能完成领导交代的任务，从而获得老板的赏识，让自己获得更多的发展机会。

自律是每个人事业成功的保障。员工在企业里工作，就是企业的一员，因此他的形象就一定程度上代表企业的形象，而只有严于律己的员工，才能折射出企业优秀的一面。当自律成为员工的一种习惯以后，会获得更多更好的发展机会。

张瑞敏曾经列出员工不成熟的六大表现，其中就有不自律这条。他认为这是一个员工不能担当大任的表现。他说，不自律不仅表现在说人家坏话，还有不能严格要求自己，比如看电视、打麻将和泡舞厅。这些事情大家都知道不好，但就是不能改，这就是不自律的表现。而这样的表现，很明显不能成就一番事业。

在海尔集团年终大会上，张瑞敏对企业所有员工的各个方面都做出了严格而详细的要求。无论职位高低，从每天上班时间到衣服着装、从个人办公桌的卫生到每项工作完成的时间都提出了具体的要求。这些看似微不足道的小事，却正如张瑞敏说的一样，是每个人都存在的问题，是每个人没能严于律己而造成的问题。不管月薪是一千还是一万，都需要自律，不能随心所欲，给自身和企业带来不好的影响。

企业是一个有组织、有纪律的地方，规章制度是公司管理和运作的依据和保证，是公司有效运行的条件之一。从一定意义上说，员工的行为需要公司的制度要求，但是更多的是每个员工对自身严格的要求。每个人都做到严于律己，让自律成为一种习惯，公司的制度就会得到保障，公司的整体运行就会流畅。

一个员工只有将自律当成自己的习惯，才能够对自己负责，对自己企业负责。当自律成为一种习惯，成为我们生活中必不可少的一部分，那么任何一个老板对我们都会有相见恨晚的感觉，企业也会将我们视为发展途中不可缺少的支柱。

第六章　互助互爱，凝聚力就是战斗力

从古至今，任何时代都有英雄，他们的成功都不是依靠个人的力量就能获得的。需要战士们英勇拼杀；需要各个部门管理者和普通员工兢兢业业地付出。英雄虽有过人之处，但也必须通过团队的力量才能获得真正的成功！

团队赢才是真的赢

一个强大的团队，不是看组成这个团队的个别成员有多么优秀，也不是看这个团队的领导者有多么能干，而是看团队整体的凝聚力如何。团队是一个整体，个人的优秀并不能代表团队的优秀，只有团队整体的优秀才能实现个人的成功，个人与团队共命运。

在一个团队里，由于人与人不尽相同，想要很好地整合整个团队的凝聚力，就需要组成团队的成员具备强烈的团队精神。团队精神就是一种集体意识，是团队的所有成员都认可的一种精神和文化。简单地说，团队精神就是大局意识、奉献意识与合作意识。团队精神的核心是协同合作，目的是最大限度地发挥团队的潜在能量。

日本“经营之神”松下幸之助曾提出：公司要发挥全体员工的勤奋精神。在他的管理生涯中，不断地向员工灌输“全员经营”、“群智经营”的思想。集松下电器全体员工的智慧、体力以及公司的资本于一身的综合力量，打造了一支拥有强大凝聚力以及战斗力的团队。

松下电器的成功并不只是松下幸之助一个人的成功，而是松下集团这个团队整体努力的结果。一个人的成功并不是真正的成功，个人只有在团队中才能获得真正的成功。团队的生命力延长了个人成功的生命力，团队的发展速度加快了个人成功的速度。团队的重要性，在于个人、团体力量的体现，每个团队成员只有将自己融入团队，才能充分发挥出个人的作用。优秀员工懂得把自己的力量和价值融入团队，让团队成为自己生命中不可分割的一部分。一个人只有在团队中才能得到发展的不竭动力，才能获得更大的成功。

一旦所有团队成员都有了和团队共存亡的强烈团队意识，那么，这个团队便具有了超强的战斗力。但是，如果团队成员不能把自己的命运和团队的命运紧密结合起来，没有强烈的团队意识，那么，这个团队就像一盘散沙，毫无战斗力可言，而团队成员同样无法获得成功或者更大的成功。

张伟曾经到一家大型企业应聘，这家公司需要招聘3名员工。张伟一路过关斩将，和其他12个人从几百名应聘者中脱颖而出，进入最后的复试。12个人中只有3名是毕业没多久的新人。

复试开始后，负责人把这12个人随机分成A、B、C、D四个组。指定A组的3个人去调查婴儿用品市场，B组的3个人调查学生用品市场，C组的3个人调查中青年用品市场，D组的3个人调查老年人用品市场。那3名新人被分到了A组，而张伟则被分到了C组。

分好组后，负责人说："我们招聘的员工是负责市场开发的，所以，你们应该具备对市场的敏锐观察力和对新工作的适应能力。现在，你们分别去办公室领取一份相关资料。"大部分人都和张伟抱着同样的想法：凭自己多年的经验，这点小事太简单了。于是，拿到资料以后，他们立即各自去市场进行调查。两天之后，他们把自己的市场分析报告送到了负责人那里。

负责人一一看完之后说道："恭喜A组，你们被本公司录取了。"张伟和其他人很不服气，他们怎么也不相信3个刚毕业的新人会比他们这些经验丰富的人做得都好。

个中缘由只有负责人心里清楚：在4组人中，只有A组在做过调查之后相互借用资料，补全了分析报告。对于一个公司来说，只有这种具有团队合作意识的人才是公司真正需要的人才。

个人的力量再强大也无法和团队的力量相比。张伟虽然能力突出，经验丰富，但终究抵不过3个未毕业的“臭皮匠”。作为企业中的一分子，如果不能融入这个团队，总是独来独往、唯我独尊的话，必然会陷进自我的圈子里，而无法与外界进行较好的沟通，自然无法得到友情、关爱和同事的尊重。无论多么有才华、有能力的人，都必须融入团队中，以团队整体的力量来展现自己的能力，才能更好地促进自身发展。

一个团队的价值也是由组成团队的成员来实现的，只有成员之间能够相互合作、互补不足，才能发挥出更好的作用，使团队取得更大的成功，这样才能更好地展现自我价值，所谓团队赢才是真的赢。

与人为善，顾全大局

与人为善，实际上就是指在工作中要正确对待每个人，和谐地和他们相处，心平气和地解决和同事之间的误会，考虑到整体的需要，顾全大局。作为团队的一员，每个人都应该注重大局，树立正确的观念，与人为善，将团队内部的问题和矛盾完全扼杀在摇篮之中。

李靖是一家公司的销售主管，他的销售业绩一直很稳定，且稳中有升。因为他的突出表现，总经理曾当面许诺把他升为部门经理。谁知天不遂人愿，赏识李靖的总经理突然被董事长安排出国学习，而代理总经理虽然上任了一段时间，却始终未提起李靖升职这件事，这让李靖很是苦恼。

私下了解了一些情况，李靖终于发现原来是有人在代理总经理面前造谣，说自己的坏话，说自己是个不正派的人，所以导致这次升职陷入了僵局。

起初听说这个情况，李靖很是气愤，下定决心要找到这个人，把他揪出来质问为什么造他的谣，但是冷静下来，想到企业现在提倡的是要与人为善，如果因为自己的私事而影响同事之间的关系，进而影响到企业的整体利益，那自己就成了企业的罪人了。反省了自己，李靖决定以企业的大局为重，不破坏企业内部的和谐，同时进行自我反省，加强自我管理，提升自己在企业中的形象。于是，李靖在工作中更加的认真负责，对待同事也是更加友好，尽自己全力帮助自己的团队多次很好地完成了任务。

一段时间以后，代理总经理开始留意李靖，发现他其实是个很不错的员工，而其他员工对李靖的评价也都很高，认为他是个友好且团队意识很强的人。从此，代理总经理对李靖的态度慢慢开始改变。观察一个月以后，代理总经理签发了李靖升为部门经理的任命书。

如果李靖面对误会和矛盾时选择更加激烈的方式进行解决，结果只会给代理总经理留下一个缺乏团队精神、没有大局观念的印象，将很难获得升迁的机会。一个好的团队是不允许内部出现冲突和问题的，只有每个员工做到与人为善，树立大局观念，才能让企业内部更加和谐，有巨大的凝聚力，推动着企业向前发展。

张强和王伟同是我们巨思特公司的销售经理，分管不同的区域。最近公司遇到一个大客户，非常难缠，领导考虑到他们两个人的能力和日常表现，决定让他们同去和这个大客户进行谈判。在谈判初期，张强和王伟还能够一起研究如何拿下这个客户。但是到了谈判中期，王伟和张强因为一些事情发生了矛盾，导致他们的意见不太统一，谈判速度也慢了下来。对方似乎也看出了二人之间的矛盾，并有意利用这种矛盾，不断地压缩我们公司的利益。

张强和王伟很快就发现如果照这样下去，即使这次成功和对方签下合同，我们公司也很难有太大的利润空间。他们经过考虑，决定以大局为重，暂时放下个人矛盾，握手言和。之后，二人齐心协力和对方据理力争，不但很快就签下了合同，公司也获得了预期的利润。

对于一个团队来说，内部矛盾往往会引发外部攻击。张强和王伟的个人矛盾显然已经成为对方攻击我们公司利益的武器，这时放下个人矛盾，为团队整体利益共同努力才是最明智的选择。与人为善，树立大局观念的结局就是双赢，在我们工作中会遇到各种各样的麻烦，只有积极与人沟通，树立正确的意识，才能避免误会的发生。

不难发现，一些业绩突出却自命不凡的人在企业的处境往往不尽如人意，一些精明能干却患得患失的员工常常不为企业所接纳，成为企业发展道路上的匆匆过客。这些人不能够为企业所重用和容纳，就是因为他们不能将大局利益放在第一位，不能处理好与同事之间的关系，不具有通观全局的素质。

一个员工只有在工作中以宽容的态度对待同事，以真诚的态度帮助别人，做到时时处处与人为善，树立大局观念，才能够建立和谐温馨的气氛，促进企业和个人的发展。

我们在工作中，在与同事进行合作的时候，难免会产生一些矛盾，而这些小矛盾会成为我们和同事之间继续沟通和协作的障碍。如果能够用认真的态度和谐地去解决这些事情，就会给我们以后的工作带来好处，避免大的麻烦。反之，则会使矛盾激化，成为前进的绊脚石。所以，在团队中，每个员工都应该做到与人为善，树立顾全大局的观念，和谐友好地处理好与同事之间的关系，正确地解决这些问题，最终取得自己、同事和企业的双赢。

优势互补，欣赏他人，配合他人

企业中的每个员工，无论是普通的职员，还是高层管理人员，每个人都有其存在的独特价值。身处团队之中，每个成员都要相互欣赏和帮助。在欣赏和发现同事优势的同时，也要发挥自己的优势和价值去帮助他人，并且在帮助他人的过程中提升自己在团队中的价值。

如果无法看到别人的优势，就无法从心底里去欣赏他人，从而无法进行和谐的团队合作。在职场中，因为竞争机制的存在，难免会有许多利益的争执，但是争执归争执，每个人存在的价值是固定不变的，团队合作是实现共同利益的最有效的途径。企业中每个员工和管理者都是各自领域内的行家里手，只有看到他人的优势，欣赏他人，从而进行优势互补，齐心协力，精诚合作，才能使团队和个人都获得长远的发展。

本田宗一郎是日本本田公司的创办人。在机器方面，本田宗一郎可谓是一个天才的技师，但在企业经营上，他却并不拿手。如果仅靠本田宗一郎的个人力量，恐怕就不会有本田公司的今天。这一切得归功于本田公司的天才经营管理者藤泽武夫。

藤泽是一个在经营方面很有天赋的人物，不仅理论知识渊博，而且实践能力特强，敢于创新，是个不可多得的人才。虽然他在公司经营中取得了出色的成绩，但他从未居功自傲，始终保持低调，把自己置于本田宗一郎的身后，默默地做着幕后工作。从企业创办以来，藤泽始终把具备天才技术特质的本田宗一郎放在第一位，而自己则致力于管理和推销。本田宗一郎很欣赏他的这个特质，并且把他放在企业中最重要的位置以发挥他的优势。而藤泽在接受采访时，被问到为什么愿意帮助本田宗一郎时，他回答说："我欣赏他的勇气和创新胆识，我愿意相信他。"

在他们默契的配合下，本田公司开始不断地发展壮大，直到走向世界，成为"世界的本田"。

本田公司的成功不是藤泽或本田宗一郎某一个人的成功，而是他们相互配合、密切合作的结果。离开他们任何一个人，都不会有今天的本田！无独有偶，日本还有一家将领先的技术和高超的营销技巧配合在一起的公司——索尼公司。

索尼公司的创始人是技术天才井深大，而经营者却是盛田昭夫。正是由于他们的彼此相互欣赏，才能发挥各自的优势进行合作，进而取得成功。井深大在一本书中写道：建设自由豁达而又愉快理想的工厂，使潜心工作的技术人员发挥最高的技能，就要学会欣赏每个人的存在价值，并且鼓励他们优势互补，取得团队的胜利。

可见，井深大有着一个天才科学家那种乐观派的倾向和善于观察人的能力，正是因为这样的能力，才会发现有着商业天赋的盛田昭夫，在欣赏他的魅力的同时，发挥自己的价值，将自己的技术理想和具有伟大的商业经营头脑的盛田昭夫结合起来，相互配合，才会有今天的索尼公司。

正如企业管理专家阿瑟·卡维特·罗伯特斯所言："优异的成绩都是通过一场相互配合的接力赛取得的，而不是一个简单的竞争过程。团队成员必须关注整个团队的利益，而不是自己的，要善于传出接力棒，而不是单枪匹马独自完成整场比赛。"在团队中，合作永远是相互的，而不是某一个人的责任。每个人都有这样的责任：将自己的最大才能发挥出来，学会欣赏他人的存在价值，一起合作，优势互补，为企业创造价值。

感谢批评和指责我们的人

在团队中，难免会和别人发生不愉快。当别人批评和指责我们的时候，我们应该怎么做？最聪明的做法就是：不要和对方发生冲突，即使对方的批评和指责是错误的，我们也应该给别人说话的机会，保持冷静。对于个人发展来说，别人善意的批评和指责永远是我们人生中最宝贵的一笔财富。

在日常工作中，大多数人往往会将别人的批评和指责当作是故意跟自己过不去，找自己的麻烦，因而产生怨恨、泄气的情绪。事实上，是这些人对批评和指责缺乏正确的认识。

俗话说：“良药苦口利于病，忠言逆耳利于行。”一个人有了缺点，犯了错误，给予必要的批评和指责，是对个人的成长和工作负责的表现。尤其是工作中，别人的批评很少是因为对某个人自身的不满，而是对其做事的态度或方法的不满。批评也并不是为了产生矛盾，而是希望提醒对方有所改善。从某种意义上来说，这种批评和指责是善意的，它可以让我们更清楚地认识到自己的不足，以便改掉错误。只有更好地完善自己的能力，才能在职场中取得更高的成就。

即使别人怀着恶意的心态批评和指责我们，也从某种意义上反映出了我们的问题。如果我们能够以感恩、谦虚的态度对待别人的批评、指责，将别人善意或恶意的批评当成自己提升的动力，那么我们就能快速成长。

在一个团队中，如果只有表扬、没有批评和指责，结果是大家“一团和气”，你好、我好、大家好，就会导致错误得不到纠正，毛病得不到克服。久而久之，团队就会失去原有的活力和竞争力。

高强是某公司的一位经理，他的工作业绩很出色，领导对他也很重视，但他却突然递交了辞呈，理由是他认为总监对他有成见，总是对他很严厉，哪怕是一点小错也会批评、处罚，一点面子也不给。总裁听完他的叙述后就批准了高强的辞呈。

高强离开这家公司后，凭着丰富的工作经验很快就在另一家公司找到了满意的工作，虽然工资没有原来多，但这家公司的老板很器重他，最重要的是从来都不批评他。在开展新的工作时，高强觉得很顺利，公司的每个人都很配合他，即使有时候出现小的失误也没有人说他。

但是慢慢地，高强发觉自己的工作很无聊，每天总在重复同样的事情，于是他开始主动招揽更多的业务，想给自己找点激情，也可以多拿些工资。但是，在接二连三的失败后，高强才发现他做业务的能力并不是天生的，原来的业务做得好是因为以前的总监对他的批评监督一直在督促着他的进步。但现在在无人批评的环境中，他的业务水平不进反退。

没有人喜欢被人指责、批评，尤其是像高强这种有能力、有水平的人，一旦被人批评就会觉得很委屈、很窝火。其实，正是在批评的压力下，人的能力才不断地提升。否则，惰性很容易让人躺在“功劳簿”上沾沾自喜，不思进取。如果高强能够带着感谢之情对待总监对他的批评指责，相信他一定能够取得非凡的成就，而不是在平凡的岗位上碌碌无为。

批评、指责也许让我们一时不容易接受，但它最终是对我们有益的。在成长的路上，我们最应该感谢的人恰恰是那些批评、指责我们的人，是他们让我们开始自省，反思自身的缺点和不足，进而改正提高。俗话说，“有则改之，无则加勉”。面对别人的批评与指责，正确的态度应该是接纳，然后自我反思，而不是轻易地否定别人的意见或建议，甚至抱怨他们过于苛责，这只会让我们失去提高的机会。

世上没有十全十美的人。不管是伟人还是普通人，他们都会因为犯错而受到这样或那样的批评，不同的是他们对待批评者的态度。有的人能秉着感谢之情接受别人的批评和指责，能引以为戒，不断进步；有的人则容不得别人的批评和指责，这样，他们的错误就不容易改正，失误就会越来越多。

西方谚语说：“恭维是盖着鲜花的深渊，批评是防止跌倒的拐杖。”听惯了阿谀奉承之言的人常常狂妄自大，只有真心接受别人批评和指责的人，才能够使自己得到真正的成长。尤其是在团队之中，善待批评和指责自己的人，不仅有利于自己的成长和发展，还有利于和其他团队成员和谐相处，营造强大的团队凝聚力，促进团队的整体发展。

懂得换位思考，为他人着想

人与人相处要互相理解，相互信任，这是人与人之间交往的基础。在一个企业里，要做到与人和谐相处，同样必须做到互相宽容、理解，多站在别人的角度上思考，这就需要我们学会换位思考，为他人着想。

所谓换位思考，就是站在对方的位置思考问题，想他人所想的，感受他人所感受的。换位思考的本质，其实就是将心比心、设身处地为他人着想。任何人在工作的时候，或多或少都会遇到因为想法不同而产生的矛盾，进而可能还会激发彼此冲动的举动。这样不仅影响了自己的心情，还给自己树立了一个敌人，更会影响到团队整体工作的进展。如果我们学会换位思考，站在对方的角度去考虑问题，为对方着想，理解对方的做法，这样就能够减少冲突的发生。当我们为对方着想，理解对方的时候，对方也会回敬给我们理解。如果彼此都能够做到换位思考，相互理解和支持，就能为自己营造一个和谐、美好的工作环境。

周亮毕业后整日到处奔波找工作，但总是四处碰壁。不过，为了能在城市站稳脚跟，他一直咬牙坚持着。

这天，周亮乘坐公交车去一家公司应聘。公交车上的人很多，他只好抓住一个吊环站着，此时，他发现旁边的女士一个吊环也没抓到，只好抓住上面的横杠防止摇晃。由于这位女士的个子有些矮，看起来非常吃力，而且身子不时随着车子的晃动而撞到周亮身上。突然一个急刹车，女士的高跟鞋一下子踩到了周亮的脚上，周亮疼痛难忍，差点骂出声来。但当他抬起头看到那位女士一脸慌张地道歉，就轻轻地笑了下，表示没事，并且把自己的吊环让给了她。

下车的时候，这位女士和周亮同时下了车，接着竟然走向同一家公司。原来这位女士正是这个公司的员工，她知道周亮是来应聘的之后，就向他介绍了公司的很多情况。经过她的点拨，周亮应聘时显得十分自信，不久就收到了公司的录用通知。

后来，经理告诉周亮，录用他的原因不仅是因为他当时表现优秀，更重要的是有位公司的老员工极力推荐了他。这个人，无疑就是那位女士。

周亮为他人着想，用微笑化解矛盾，让出公交车上吊环的小善举，却意外地获得了一个人生的吊环，不仅赢得了一个好工作，还赢得了一份难得的同事之情。无论是生活还是工作中，要想更好地了解他人的想法，就必须学会换位思考，站在他人的立场上考虑问题，就会更容易了解对方的心理，只有更多地了解对方的心理，在说话处事时对方才会乐意接受我们的观点，引起彼此之间的共鸣。

那么，在工作中到底怎样做才能有效运用换位思考来为自己赢得良好的人际关系，增强团队凝聚力呢？首先，换位思考必须以自己的原则为基础。换位思考是为了更好地与同事取得双赢，绝不是牺牲自己的原则来获得别人的好感。其次，在换位思考的同时，绝不能要求对方也站在自己的立场来对待问题，否则，我们的换位思考就没有了意义。最后，换位思考的熟练运用是通过生活和工作中的一点一滴来实现的，我们应当将其变成一种良好的习惯，融入灵魂深处，才能从根本上改变我们对人对事的态度，万事多为他人着想。

在企业中，同事之间的相处也是如此。不是我们希望别人怎么做别人就必须怎么做，也不是我们认为别人应该怎么想，别人就会怎么想。因此，在团队之中，我们必须学会换位思考，为他人着想。只有这样，才能取得同事之间的信任，增进彼此的感情，增强团队整体的凝聚力和竞争力。

信任是合作的前提

人与人之间，很容易形成相互封闭、互不信任的关系，并因此带来很多沟通障碍。尤其是在一个团队里，信任往往会成为团队凝聚力的主要支柱。信任是合作的基础和前提，它能够促进团队合作，让大家把关注的焦点集中在工作而不是其他问题上。只有团队成员之间彼此信任，相互依赖，才能在合作的时候产生巨大的凝聚力。

员工之间最美好的事情莫过于彼此的坦诚相待，相互的信任和亲密无间的合作，也只有这样才能融入团队中，发挥自己最大的价值，为企业创造利益。那些缺乏信任、业绩平平的团队成员在讨论问题的时候往往言辞激烈、缺乏理解，并且表现出很强的防卫心理，阻碍问题的解决。相反，以互信为基础的团队成员之间往往能够有效沟通，提升合作的能力，激发出强大的能量，从而更加有效、迅速地解决问题。

托马斯毕业后进入了一家大公司工作，他在学校一直都是班级的优等生，所以在进入全新的工作环境以后，常常恃才傲物，拒绝与他人合作，因为他不相信他们的水平，而且非常担心他们会剽窃自己的技术。

一次，在一起完成一个项目活动中，同事需要借助托马斯设计的电脑程序，但是托马斯并不信任这个同事，对他有戒备之心，便拒绝帮忙，搞得两人都很尴尬。虽然最后项目完成，但是不尽如人意，让老板很失望。

和托马斯一起进入公司的还有安东尼。他和托马斯一样，都是班级优等生，进入公司以后，他发现身边的人虽然没有太高的文凭，但是都具有很好的工作态度，认真工作，所以他相信和他们一起工作能够出色地完成任务。在一次合作项目中，最后阶段同事遇到了一点麻烦。本来安东尼的任务已经完成，对同事的问题完全可以置之不理。可是，他还是非常热心地帮同事想办法，甚至不惜向同事介绍了自己最新研究出来的技术。最后，他们团队的任务完成得非常出色，得到了领导的嘉奖。

毫无疑问，每个团队都会欢迎像安东尼这样的人，而不喜欢像托马斯这样的人，他只会让团队失去活力和凝聚力，影响团队的发展。一个人要想赢得别人的信任，首先必须信任他人，愿意跟别人分享信息。

工作中，每个员工除了对自己负责的项目认真和努力之外，还要相信和鼓励自己的同事，坚信他们也可以出色地完成每项指标，每个人都在信任下工作，才能将团队精神发挥得更好。因此，要想真正融入团队，将企业当成家业，最重要的前提条件就是信任，彼此的信任。

一个人如果希望得到他人的信任，就必须让他人觉得，自己是一个真诚而坦白的人。两个陌生的女性之所以能够在瞬间成为至交，关键就在于她们彼此之间分享了一些非常隐私的秘密。这种分享使她们很快就信任对方，走进对方的心灵深处。所以，一个真诚坦白的人，最容易赢得他人的信任！

杰克·韦尔奇刚刚参加工作的时候曾经花了很长一段时间开发一种新型的塑料制品，他希望这种新产品能够给自己带来辉煌的前程。然而，研发到了关键时候，他发现必须依靠他人的力量才能继续。他只好向其他同事坦白了自己的想法，并寻求帮助。虽然大部分人都认为他研究的产品市场价值不大，而且很难开发，与其耗时费力，还不如转而开发其他的东西。但是，华伦·班尼斯却力排众议，相信韦尔奇研究的这个塑料制品会有一个广阔的前景，不但能够给人们的日常生活带来质的变化，还会对汽车、计算机等各行业产生影响，决定和韦尔奇一起工作。

班尼斯建议韦尔奇向企业高层说出自己的想法并争取得到他们的支持。他甚至以自己的职业生涯作为赌注，希望高层能够信任韦尔奇。他的真诚终于打动了企业高层，并给予他们1000万美元的资金支持。他们最终大获全胜。

在1998年，已经60多岁的杰克·韦尔奇已经是全美国最成功、最具实力的企业家。在回忆当年成功的时候，他对于班尼斯给予极大的肯定和认可，说："如果不是当年班尼斯对我的信任和帮助，我想我也不会取得如此巨大的成功。"

班尼斯用自己对韦尔奇的信任换取了企业高层的信任，并由此开启了成功之门。虽然他的成就远不及韦尔奇那样伟大，但他却永远是韦尔奇心目中最好的合作伙伴。所以，随时保持对同事的信任，不仅能够和同事取得默契的配合，提高工作的效率，还能够让自己得到别人的信任和肯定，从而让自己获得发展的机会。

成人之美，助人就是助己

身在企业这个大家庭中，每个员工都应该相互帮助，相互鼓励。这样不仅可以让被帮助的员工更好地完成任务，还可以为自己的发展创造和谐的人际环境。

不论一个人多么强大，面临挑战和困难的时候，都需要别人的帮助。设身处地地想想，在自己遇到麻烦的时候，如果能够获得他人的帮助，那么这个麻烦和问题就会很容易解决。别人遇到困难时，同样也需要我们的帮助。如果我们能够及时伸出援助之手，真诚地为他人修桥铺路，帮助他人走向成功，自然能够获得他人的信赖和感激，以后在自己遇到困难的时候，就会获得别人的帮助。每一次为别人提供的帮助都不是无偿的，迟早有一天它会以另一种形式回报给自己。

美国一家著名钢铁公司的董事长在接受采访时说："我之所以可以取得今天的成就，要感谢我最好的朋友巴顿，如果不是因为他的帮助，我可能连这家公司也办不起来，更不要说今天的成绩了。"

原来，这家钢铁企业刚刚成立的初期，接到了一笔大的订单，对于一个新生的企业，如果这个任务完成了，就会取得丰厚的报酬，而企业的形象也可以在这个行业中很好地树立起来。但是由于生产预算的失误，加上生产过程中的资源没能合理利用，在生产中后期，出现了资金短缺的问题，生产开始逐渐停滞，但由于企业刚刚成立不久，银行不愿意提供贷款。这位董事长只好四处寻求朋友的帮助，大多数的朋友都婉言拒绝了他。只有巴顿知道了以后，直接将3000万美元的支票送到了他的办公室，帮助他渡过了难关。

然而，巴顿面对这位董事长公开的感谢时，却说："这是他应该取得的成绩。他曾经在我最困难的时候，将他所有的积蓄都借给我继续事业的发展，现在我已经取得了一些成绩，而他也遇到了麻烦，为什么我不去帮助他呢？就像他以前帮助我一样，正因为他帮助我，所以我才渡过了难关，现在我只是回报他而已。"

正因为这位董事长当年不顾一切地帮助巴顿，才会使巴顿在他遇到困难的时候毫不犹豫地提供帮助。当年帮助巴顿的时候，他肯定不是因为知道自己某天会有困难而需要巴顿的帮助这个原因而做的。他无意之中付出的帮助却在关键时刻帮助了自己。

在生活和工作中，帮助别人我们或许无法得到最直接和丰厚的回报，但是我们帮助他人的这个行为，已经如同一粒种子一样，深深潜入他人的心里，而这粒种子终有一天会长大，会开花结果，那时候我们也会因此而受益：因为我们在别人困难的时候帮助了别人，将来我们遇到了困难，别人就会想起我们帮助他的事情，就会义无反顾地帮助我们。所以说，助人实际上就是在助己。

王强是一家企业的小职员，平时工作并不繁忙，所以他每次完成自己的工作之后，都会去帮助其他需要帮助的同事。

一次，一位同事的父亲因为生病住院，需要大量的医药费，在企业内部募捐活动中，王强毫不犹豫地捐了3个月的工资。有同事问他为什么这么"傻"的时候，他说："大家都是企业这个大家庭中的一员，一个人遇到了困难，其他人不应该不遗余力地帮助他吗？3个月工资对我而言只要日子过节俭一点就可以撑过去了，但是对他却很重要，甚至可能关乎生命。”在他的带动下，募捐活动取得了很好的效果。

在公司年度优秀员工评选活动中，他很自然地当选为“最优秀的员工”，不仅得到公司的表彰，还在第二年人事安排中被赋予重任。对此，老板解释说：“王强总是在毫无保留地为企业作贡献，不仅做好自己的工作，还经常帮助其他同事完成工作。在别的员工遇到困难的时候，更是无私地帮助他渡过难关。他在帮助同事的过程中，收获了同事对他的信任和支持，所以，他应该得到这些奖励，而且我相信他帮助同事的本心不是为了获得‘最优秀员工’的称号，而是为了企业更好的发展！”

其实，每个员工都拥有王强的机会，在帮助同事的过程中获得同事和上司的信任，为自己以后的发展提供良机。无论是企业与企业之间，还是员工和员工之间，在帮助他人的过程中我们总能收获一些东西，而这些东西日后会帮助我们获得更好的发展。

在团队中，工作有很多中间环节，彼此间需要协调和互助。如果员工在合作时只偏重于自己负责的那部分工作，将工作传递给其他部门或同事之后就不再过问，一旦其他人无法按时完成任务，同样会影响到自己的成绩。优秀员工必须懂得，成功是一个团队劳动的成果，在团队伙伴遇到困难的时候，应该毫不犹豫地帮助他们，因为帮助他们是为了更好的团队合作，自己也会因此得到发展机会，帮助别人就是帮助自己。

吃亏是福，会吃亏才会赢

吃亏是福。会吃亏、愿意吃亏的人总有一种积极的精神，虽然部分的物质利益得不到，但是精神世界会更加丰富，也会为以后赢得发展机会。以正确的方式去为别人的利益服务，这不仅仅是一种态度，更是一种精神，而这种精神是那些愿意吃亏的人所特有的。这些人最终会在各自领域取得成功，因为他们的精神力量在随时鼓舞着他们。

一位著名的企业家说过，奉献和吃亏精神，是人之为人的根本。当我们愿意吃亏，去奉献自己的时间和资源的时候，我们的生命和工作会有特别的意义。一个愿意吃亏的人，在工作中一直都会有好的精神和心态，那么他会赢得一些机会。

吃亏，是在完成自己应尽义务以后，愿意奉献自己的力量去使更多的人受益。对于一个员工来说，懂得吃亏往往能够取得成功，因为从某种意义上说，吃亏的行为本身就是因果规律的一部分。吃亏作为原因往往能够促进循环这个结果，并且返给我们的力量和经验使我们的人生日益完善。在吃亏的同时，也是为了帮助自己，因为无论我们吃亏在什么方面，都会形成一个结果，这些结果的积累终会让自己变得更好。吃亏的核心精神是坦荡大方，这样有利于企业内部的团结，有助于企业的发展。只有懂得吃亏的员工才能在企业不断向成功迈进的路上赢得发展的良机。

世界知名的投资顾问专家卡洛·道尼斯最初为汽车制造商杜兰

特工作的时候，职务并不是很高，只是杜兰特手下一名非常普通的员工，可是他通过自己的努力，终于成为杜兰特的左膀右臂，并担任其下属一家公司的总裁。

卡洛认为自己成功的关键就是当有些工作需要人去做，但是其他同事都不愿意浪费时间和精力去做的时候，他就会自甘“吃亏”，主动去做这些事情，为企业这个大家庭奉献自己的一点力量。

卡洛注意到杜兰特先生常常工作到很晚。而每天所有的员工在完成自己工作后都比较疲惫，都准时下班回家了，可是杜兰特还在办公室忙碌着。卡洛觉得应该给杜兰特先生创造一个好的环境。于是，他每天下班后主动留下来为杜兰特先生提供一些帮助。

杜兰特经常会需要有人为自己整理一些文件和常用的办公用具，当杜兰特发现卡洛经常在整理好部门办公室卫生后帮助他做一些事情，就欣然接受了他的帮助。一段时间以后，杜兰特先生渐渐习惯让卡洛帮他做一些事情，一直到最后大部分事情都交给卡洛做。

卡洛·道尼斯只是每天吃一点亏，牺牲自己一点点休息的时间，持之以恒，点点滴滴的“吃亏”让他的价值不断地提升，才智和能力在吃亏的过程中积累，而他自己也在这样一种奉献吃亏的精神帮助下很快得到了成功的机会。如果每个员工都能够有卡洛·道尼斯这种吃亏和奉献的精神，愿意牺牲一点自己的利益，愿意在每一件自己力所能及的小事上吃点亏，同样可以因这种吃亏增加经验和知识，为自己赢得机会。

现在有很多员工都不愿意吃亏，并且对愿意吃亏的员工露出嘲笑之意，很明显他们没有领悟到吃亏和奉献的精神内涵。他们表现最多的是“事不关己，高高挂起”。他们每天在完成工作以后便不愿意用多余的时间和精力去多做一些分外的事情。其实，在团队中，如果员工愿意吃亏，努力为其他员工着想，那么不仅使自身潜能得到快速的提升，还会解决许多实际生活工作中的小问题，缓解同事之间的矛盾，在团队和谐向前发展的同时，为自己赢得发展的机遇。

愿意吃亏和奉献的员工常常能够给团队和其他同事创造好的发展机会，或许目前他收获不到物质上的回报，但他得到的更多的是一种自我价值的实现。我们有理由相信：一个对吃亏没有怨言而且自觉的员工，一定会做得更好。优秀的员工不应该时刻考虑自己的利益，而要将团队整体和他人的利益放在第一位，那么，在物质上吃的亏，一定会在日后有所补偿。只有愿意吃亏和拥有奉献意识的人才能够在团队中深深扎根，拥有强大的战斗力！

第七章　善于创新，和团队一起进步

杰克·韦尔奇说："变革是永恒的，管理人员和员工不仅要学会忍受它，更要学会欢迎它。"不管是一个企业还是一个人，只有持续不断地创新，才能保持旺盛的生命力和活力，才能拥有强大的战斗力和竞争力。一个创新型的团队是企业的创造力之源，能够使企业在竞争中永远立于不败之地！

创新是一种能力，更是一种责任

创新是人类特有的认识能力和实践能力，是人类主观能动性的高级表现形式，是推动一个人、一个团队进步和发展的不竭动力。

很多人认为，找到了一份还不错的工作，和企业签订了一份聘用合同，就不必再尽心费力地去想怎样才能把工作做得更好。这种利用现有的工作条件按部就班地工作，不思进取，只愿意坐享其成，不愿意突破的员工，终究成不了优秀的员工。因为他们没有明白：创新能力不仅是一种工作能力，更是一种责任。一个善于创新的员工，在创新工作方式和技术的时候，展现出的不仅是自己全面创新的能力，更是对企业的一种担当和责任。

任何一家企业的老板需要的都是敢于创新、对企业有责任心的员工。而对员工而言，如果能够在体现自己能力的同时还能展现出自己的创新能力，必定能做好自己的工作，促进企业的发展，从而获得老板的信任。懂得创新的员工必定淘汰那些坐享其成的人，因为懂得努力创新的员工，必定把工作当成一种责任，尽心尽力地去做好。

1981年，美国通用电气新任的总裁杰克·韦尔奇上任，但他面临的问题却很棘手。当时通用电气公司规模虽然巨大，产品也很多，但正是这样的情况使得局面更加复杂。刚刚上任的韦尔奇面临巨大的责任：如何才能将这么大的公司正常运行起来？如何才能更好地管理它？如何才能使销售业绩和利润都快速增长？如何使不景气的公司快速走回正途?

韦尔奇从调查企业不景气和出现一些管理问题的原因入手,结果发现是由于企业管理太过死板,员工没有足够的自主权。在当时,这不仅是他们一家企业出现的问题。在仔细分析和考虑以后,韦尔奇认识到只有将所有的员工全部团结到一起,才能把企业的局面扭转过来,韦尔奇决定进行创新性的改革。

韦尔奇让那些平时缺乏交流的员工行动起来,把临时工、普通员工以及管理人员,还有一些工会的领袖集中起来,一起参加决策研讨会。大家各抒己见,自由平等地发表看法。这项创新大大激励了那些平时被冷落的员工的主人翁意识。他们的积极性被充分发挥出来,每个人都很认真地探讨使企业未来发展得更好的方法。

在这个制度实施一段时间以后,公司的销售等各个方面工作都有了显著的改善,企业不景气的状况慢慢出现转机。

韦尔奇的创新制度极大地发挥了员工的积极性,使得每个员工都能参与到企业的一些决策中。这种创新,不仅仅是因为韦尔奇有灵活创新的头脑,能极大发挥自己的创新能力,还因为他对企业的责任和担当,希望把企业发展得更好。

在现实中,有些员工之所以在企业中工作很多年还是毫无起色,就是因为他们没有独特的思维方式和对企业的一种担当。尽管他们能够诚诚恳恳地工作,但是却没有在工作中展现出自己的创新能力。这种创新能力不仅是自我价值的体现,更是自己对企业责任的表现,只有在工作中不断创新,不断进步,才能让老板看到我们的能力和责任。

一家位于英国首都伦敦市东郊的啤酒厂,从创立之初就一直很不景气,只能勉强维持生存。尽管一再减产,他们的啤酒依然大批大批地堆在仓库里，市场竞争激烈，如果啤酒再不销售出去，这家企业就面临破产的危险。

一位新来的啤酒推销员看到这样的情况非常着急，于是他开始积极想办法。他在认真考察其他的酒厂之后发现，这些企业每天在报纸和电视上大做广告，但是这种需要大量资金投入的方法对濒临破产的酒厂来说，很明显不现实。

这个推销员认为必须创新推销的方式。在伦敦市广场上有个撒尿的小英雄铜像，他发现有很多人在铜像下边玩，还有人用水瓶接水喝。于是他想到一个方法：用啤酒代替自来水，引起大家的注意。老板对他的想法表示大力支持。于是，第二天广场上的人就发现从铜像里流出来的不再是自来水，而是味道醇厚的啤酒。接着，很多报纸和电视都争相报道了这则新闻。就这样，这家酒厂没花一分钱的广告费，就一炮打响。

后来这位推销员成为伦敦最著名的推销员，他创新的推销方式在业内也广为流传。在被问及如何取得成功的时候，他说："我是怀抱着对企业的责任去创新推销方式的。每次我都以如何使企业发展得更好为出发点，不断地想出新的推销方式。"

每个人都可以成为企业中最优秀的员工，关键就在于我们是否能像这个推销员一样把企业当成自己的家，时刻为企业的发展出谋划策，不断地创新。

企业中的每个员工都是企业的一分子，都有让企业变得更好的责任。一个优秀的员工会不断创新自己的工作方式和技术。因为他们知道，这样体现的不仅仅是自己的能力，还是对企业的责任和担当，而这种态度和精神，会不断推动他们前进，从而取得成功。

打破头脑中的思维枷锁

思维是人类基本特质之一，是人类一切活动的源头，也是创新的源头。正是因为有了创新的思维方式，人类才会不断进步。对于员工来说，如果不能打破思维枷锁，发挥自己的创造性思维，就会在原地徘徊，得不到发展的机会。我们思考问题的方式往往局限在常规模式下，在处理相似的问题的时候，就会走常规路线。这样做的好处是比较保险，结果是显而易见的，但是要想有所创新，想要取得更好的发展机会，就要打破这种思维方式，不能陷入以往的思维模式中。要有勇气进行创新，敢于冒险。许多优秀的员工业绩不一定是最好的，但一定是有勇气去尝试、去创新的。

日本东芝电器一度积压了大量的电扇，东芝员工为了打开销路，绞尽脑汁地想各种办法，但是都没有能够很好地解决实际问题，还是有大批的电扇积压。

有一天，一个小职员想到了一个办法：改变电扇的颜色。当时，全世界的电扇统一都是黑色的。他的这一建议立即受到东芝公司领导层的重视。经过研究，公司决定采纳他的建议。

第二年夏天，东芝电器推出一批浅蓝色的电扇。让人意想不到的是，这批浅蓝色的电扇立即受到了市场的热烈欢迎，仅仅上市3个月就卖出了几十万台，很快就供不应求，东芝电器库房里堆积的电扇就此销售一空。因为这样一个小小的创新想法，这个小职工获得了东芝电器公司当年的优秀员工奖。在发表获奖感言的时候，他说："所有人都知道电扇是黑色的，就认为一定要生产黑色的电扇，但其他颜色在市场上不就是一种商机吗？"

"电扇就是黑色的"这一思维定式固定在了每个人的头脑中，打开这个思维枷锁，敢于创新的小职员因此获得了成功。在当今社会，创新能力越来越被企业看重。一个员工如果能想出别的员工想不出来的主意，也许就能因此成就一番事业。尤其是在今天这个时代，一个好的点子，一个优秀的团队往往就能够成就一个出色的公司。同样，一个能够打开思维枷锁，善于创新的人无论走到哪里都将得到重视，获得成功的机会。因为机会就隐藏在创新之中。

正如巴西吉西利华公司董事长阿普里莱所说："年轻人不能满足于现成的答案，那样只会禁锢你们的创新思维，应该善于向旧事物发出挑战，并提出建议。我已经注意到某些求职者的这些特点，他们在求职之前就向公司写信，对公司提出质疑，显露他们的求知欲和创新能力。"

比尔·盖茨在与IBM合作的时候，就具有突破常规的创新思想。他认为如果将计算机的操作系统和硬件分离，各种类型的厂商和产品就会随之出现。当时，这无疑是个具有革命性意义的想法。这意味着计算机技术的研发不再局限在少数的工程师之间。盖茨多次在采访中表示："这是一个相当了不起的想法，不仅为硬件提供了发展机会，也给软件领域带来了创新的可能。"

1980年，IBM为了向社会推广电脑，决定与微软公司合作。而盖茨却提出了一个创新的方案，即微软公司在向IBM提供操作系统的同时，也向其他计算机厂商提供操作系统的授权。这样一来，对微软而言，不仅扩大了操作系统的市场，同时又能够借助IBM品牌影响力的推广，可谓是一举两得。

比尔·盖茨突破性的思维创造了微软的神话。正是由于他敢于突破常规思维，才能够取得突破性的成就。事实上，很多事情都看似不可能完成，不可能做得更好，但是只要我们换一种方式去做，并突破固定思维的束缚，很多“不可能”都会变成“可能”。

永远不要让“不可能”挡在我们的前面，我们只有认为自己行，然后再去创造性地尝试，敢于打破固定的思维方式，才有成功的可能。一个只知道认真工作而不懂得创新的员工，想要取得更大的发展是一件很难的事情。即使我们可以很出色地完成任务，为公司的发展所作出的贡献也是非常有限的。这样的员工最多只能帮助企业勉强在市场中生存，却不能帮助企业取得突破性的发展。所以，只有敢于创新，敢于突破，并且利用创新意识为企业创造无限价值的员工才能称为最优秀的员工。

细节创新，在小地方做出大文章

一个具有创造力的员工在企业的发展前途是无限的。他们可以将所有事情都改变，时刻在寻求突破旧的思维方式和工作方法；他们可以为企业带来巨大的竞争优势。每个企业都需要和喜欢这样的创新人才。因此，每一个追求上进的员工都应该从身边做起，从小事做起，努力在小地方做出大文章，创新每一个细节。

很多人都觉得创新是一件很难的事情，其实并非如此，一些发明家之所以伟大，并不是因为他们发明了拯救世界的产品，而是源于他们对每件小事的创新态度。他们大多认为每个小地方都能做出大的文章。只要我们认真工作，并且对自己身边的事情多加思考，就会发现，创意就在我们的身边，在每一件小事上，在每一个小的地方。只要自己多发现，肯动脑，愿意为企业的发展奉献自己的力量，每个人都会发现创新的契机。

20世纪70年代后期，世界各地的汽车销售市场日渐萧条。意大利菲亚特汽车公司也受到了巨大的影响，外债累累，前途渺茫，而且没有太多的发展机会。然而，就是这样一家公司在几十年后依然闻名世界，在市场中占有一席之地。这和菲亚特汽车公司当时在细节上的创意有很大的关系。

在公司处境十分危难的情况下，他们就想通过开发新的技术和新的车型来扭转局面。经过不断的努力，4年之后，菲亚特汽车公司终于创造出了新的车型。

新车型采用的空气压缩机，与以往的发动机不同，改善了汽车的燃油过程，使这款新型的车耗油比以前下降13%。在汽车选材方面，用了钛合金、碳素钢、优质燃油等材料，减少了汽车的制作成本。新型车在意大利乃至欧洲汽车市场一炮走红，创造出令人咂舌的经济价值。

菲亚特汽车公司在细节方面的突破和创新，将企业从悬崖边拉了回来，最终走出困境，赢得新生。这份功劳不仅属于当时提出创意的人，更属于当时菲亚特汽车公司的整个团队。正是因为团队中每个成员敢于创新、善于创新，才有了拥有如此巨大能量的团队，使企业转危为安。

团队的进步离不开每一个成员的进步，团队的创新源自每一个成员的创新。作为团队的一员，每个员工都应该从身边的细节入手，留意小地方，努力发挥自己的才智，使小地方焕发出巨大的光彩，让自己的团队在市场竞争中处于有利位置，也为自己赢得发展机会。

“灵感来源于观察”，每个企业员工都应该认识到，创新并不是某个天才的专利，创新有大有小，内容形式各不同。在当今的企业中，创新活动更不是企业的技术人员在实验室里的工作，更多来自各种普通员工日常进行的社会实践活动。每个员工都能够在各个方面迸发出创新的火花，从而创造自己的奇迹。

工业革命以后，几乎美国每个家庭都有电冰箱，这种高度成熟的产品竞争相当激烈，而且利润也很低。针对这种局面，美国很多电冰箱厂家都束手无策，但是日本一家企业却异军突起，发明了一种与15英寸电视机外形尺寸一样大小的电冰箱，并由此开创了电冰箱销售新局面。

这家日本电冰箱企业的老板在接受采访时说："我们在研究大多数电冰箱的特性后，发现普通的电冰箱已经做得很完美了，于是我们力求在细节上有所创新。当我们发现普通电冰箱无法带到野营车上的时候，我们就知道机会来了。"

微型电冰箱投入市场后，人们很快发现它除了可以在办公室用以外，还可以将其安装在野营车上。它改变了人们的生活方式，在市场中取得巨大反响。

微型电冰箱和家用电冰箱的工作原理基本相似，其差别就是细节上的用途而已。这家日本企业在电冰箱的用途上进行了创新，把使用方向由家居转移到办公室、汽车、旅游等各方面。这个微小的细节让企业一举跳出传统的家居电冰箱红海，开发了新的蓝海市场。

微型电冰箱的成功案例说明创新的关键在于对细节的观察。任何事物都有我们还没有发现的细节，而这些细节就是我们创新的源泉。发现别人没有注意到的问题，我们就抢占了先机。把问题解决掉，我们就抓住了超越别人的机会。创新就是如此简单，只需要我们留意观察和发现点滴细节。

在当今社会，机会无处不在。但是，只有那些懂得在细节处留心观察的人，能够迅速捕捉到对自己有用的信息，在别人看不到的地方找到突破口，发挥创新能力，迅速获得成功。一个团队的发展需要创新型的人才。每一个团队成员要想获得更好的发展，就要发挥自己的所有才能，发挥自己的价值，在生活、工作的各个细节方面，努力创新。有时候，一个小小的点子，一个小小的细节，往往就有可能改变我们的命运，改变我们团队的命运！

激发创新潜能，让危机变成转机

没有创新便没有进步，一个人需要创新，一个团队更应该创新。创新能够给团队注入新的活力，推动团队快速发展。在市场竞争激烈的情况下，企业要在市场中占据有利地位，就要开发员工的创新潜能。在企业中，不论是普通员工还是高级管理者，都需要激发自己的创新潜能，为企业和自己赢得竞争优势。

激发自己的创新潜能，要求员工在工作中时刻保持危机感和责任感。只有时刻保持这种意识，才能在危机面前，激发自己的创新潜能，让危机变成转机。这是每一个优秀员工的基本素质之一。只有不断激发自己的创新潜能，才能不断更新自己在企业中的价值，才能不断创造出新的产品，才能为自己和团队赢得更多更好的机会。

有一天，我的一个属下跟我说："王超老师，你知道我们非常努力，工作都十分用心，你看我们这个季度又是公司第一名。好想歇一歇啊，给自己放个长假。老师，你不累吗？"

的确，每天绷紧的神经，保持高度亢奋的状态，十分辛苦。但是，要想进步不被超越，就必须坚持、再坚持。那天的夕会上，在总结了一天的工作后，我说："今天我给大家讲一个狼王的故事吧。一只身强体壮的年轻公狼终于战胜了来自狼群内部的所有对手，顺利地登上了狼王的宝座。做了狼王之后，它更加勤勉，除了带领大家觅食、嬉戏，管理狼群内部事务之外，还组织群狼操练格斗技术、演练战斗阵形，因为在它们领地的边缘还有3个狼群虎视眈眈，伺机入侵它们的地盘。

“经过狼王及群狼的努力，它们成功地发动了几次针对伺机来犯狼群的战斗，并赶走了它们，解除了这些狼群对自己领地的威胁。领地的威胁解除了，群狼以为狼王这下可以舒一口气了，大家也不必像从前一样辛苦了，可没想到狼王的训练强度却加大了。狼王不仅严格训练群狼，自己的锻炼强度也加倍了。群狼对此很不理解，于是派代表去请教狼王。

“狼王说，我作为狼王有两个主要职责，一是保护并扩张自己的领地，使大家生活无忧；二是保住自己的王位，尽量使自己在狼王的位置上能待得久一点，这样不仅我的许多想法可能实现，而且可以多为狼群做一点事情。虽然我现在打败了所有的竞争者成了狼王，但新的竞争者会不断出现；虽然我们现在赶走了窥视我们领地的狼群，但必然会有更强大的敌人出现。我们只有不断提高自己，才有立于不败之地的可能。我们的对手不是别人，而是自己。我们只有不断挑战自己，强迫自己提高，才能有效地保护和发展自己。”

我给大家讲这个故事的原因，就是要告诉大家，在激烈的市场竞争中，大多数的企业都把同行作为自己的竞争对手，于是在经营战略上把打败对手、争夺市场份额作为企业发展的主要目标。其实，决定一个企业成败的不仅仅是同行业的竞争对手，还在于我们自己是否在坚持不懈地努力。

想方设法开发新的培训项目来满足市场和企业不断更替的需求，帮助我们的学员和企业在他们的领域内取得胜利，才是真正提高我们在行业内的知名度、地位和自身竞争力的根本。打败同行的对手只是企业不断挑战自我的一个附带结果。如果一个企业在制定发展战略的时候，只是针对同行业对手的弱点而忽视了企业自身优势的建立和开发新的优势，即使能很快打败现有对手，在面对更强大的对手的时候也必然会失败。

一个想成功的企业必须牢记：自己最大的对手不是别人，而是自己。

日本著名企业家稻盛和夫说过：“只有时刻想着将自己企业变得更好的员工，才能获得企业的重视，才能让自己激发更多的潜能。”创新是一个企业一个团队能够抢占市场先机，争取到更大蛋糕的重要手段。一个把企业当成自己的家，时刻为企业的发展动脑筋、想办法的员工，必然能够不断激发自己的创新潜能，推动企业和团队不断进步。

欧德宁在就任英特尔CEO的时候，英特尔出现了严重的危机，在全球化经济危机的情况下，英特尔的芯片结构比较落后，加上一直处于单核状态，产品研发周期过长，在上网本和云计算的冲击下，英特尔的营收锐减。欧德宁选择激发员工创新潜能来化解危机。他认为，企业员工每个人的创新才能，是企业从危机变成转机的动力，只要激发每个人的创新才能，就能解决危机。

在欧德宁领导下，所有员工的创新潜能被激发出来，从下至上提出大量创造性意见。首先调整了战略，创造性地改变了组织架构，率先从单核转向多核发展。其次，在节约工作成本的前提下生产出更便宜的计算机和嵌入式计算设备。在做出创造性改变的第一季度，英特尔的营收就触底反弹，第二季度已经开始回暖，而到了第三季度已经可以明显看出企业有了快速的发展。

在危机面前，欧德宁激励企业所有员工，鼓励他们最大限度地开发自己的创新潜能，努力改变企业面临的危机。在所有员工一起努力创新之下，英特尔终于化解了危机，重新回到具有强大竞争力的位置上，这就是团队创新的能量！

在当今社会中，一个员工能不能取得成功，主要看他自己是否能够发挥潜能，是不是能够处处为企业着想，想着让企业变得更好。只有时刻把企业的事情当成自己的事情，才能在工作中充满热情，才能最大限度地激发自己的创新潜能，将企业面临的危机变成转机。一个企业能不能够取得成功主要取决于能不能充分发挥潜藏在员工身上的干劲和能力，只有充分发挥员工的创新潜能，才能促进企业生产方式和工作方式的改变，使企业从危机的困境中走出来，促进企业又好又快地发展，使企业在激烈的市场竞争中立于不败之地。

所以，创新是每个团队、每个团队成员都应该关注的。尤其是在危机面前，只有充分激发创新潜能，不断想出更有利于企业和团队发展的新点子，才能保持团队旺盛的生命力，才能保证团队成员取得更大的成功！

不断学习，给自己的“知识库”升级

英国著名哲学家弗兰西斯·培根曾说过：“知识就是力量。”这句话对于创新来说显得更加重要。一个没有足够知识积累的人不但无法看到别人看不到的机会，甚至连世界上最先进的技术都无从知晓，只能躺在现有的知识水平上原地踏步，无法前进。一个人要想在职场中取得非凡的成就，就必须要通过不断的学习，给自己的“知识库”升级，这样才能让自己的职场生涯得到长远的发展。

在经济飞速发展的今天，人们生活节奏逐渐加快，同时造成越来越多的企业员工在工作生活中过度透支自己的健康、创意、智慧、激情等“积蓄”，而这些“积蓄”才是一个好员工能够完成自己工作的根本所在，一旦将这些“积蓄”消耗一空，就没有能力再去很好地完成自己的工作。

胡军大学毕业后应聘到一家大型服装企业做服装设计师。经过一段时间的努力后，胡军就设计出一系列的时尚服装，在展销会上得到了很多客户的青睐，签下了十几万元的订单，给公司带来了很好的效益。后来，胡军继续发挥自己的才能，设计出了一批又一批的流行时装，还先后数次参加国内的服装设计大奖赛，都取得了较好的成绩。

这时，胡军在业内已是小有名气，一些服装公司通过各种途径找到胡军，开出优厚的条件聘请他。胡军心动了，觉得自己已是行业里的高手，应该拿更好的待遇，于是跳槽到另一家企业担任设计总监。

因为胡军曾经辉煌的成绩，新公司的老板和同事对他很敬重。于是，胡军在心理上发生微妙的变化，不仅以“高手”自居，对工作也开始敷衍了事，不再像从前那么尽心尽力。这样一来，胡军的加入并没有给这家企业带来新的变化，依然拿不出什么优秀作品来。老板一气之下就把胡军痛骂了一顿。养尊处优的胡军顿时觉得颜面无存，于是决定“露几手”让老板瞧瞧。

可快两个月了，胡军也没能设计出一款好看的服装。他总觉得大脑空虚，没了灵感，无法捕捉到设计的新元素。而老板和身边的同事也开始对他冷眼旁观。胡军失落到了极点，不得不离开公司，另谋出路。

胡军的失败是必然的，正是由于他的自命不凡造成了他的失败。我们都要明白这样一个道理，无论在哪个行业，哪怕我们再厉害，也没有永远的高手，只有不断地学习，升级自己的“知识库”，才能跟上社会进步的脚步。一旦松懈，就只有被遗弃。

在我们身边，经常可以看到一些高学历人才有着丰富的知识背景和高超的技能，但在步入职场短短几年内就被消耗得所剩无几，甚至被“掏空”。其实人的能力就像蓄电池一样，会随着时间的流逝而逐渐流失。所以人也需要不断“充电”来保持自己有着足够的能力应对社会的飞速发展，不能及时“充电”的话，很快就会被淘汰。而所谓的“充电”其实就通过不断的学习，来提升自身的能力。在信息技术高度发达的知识经济时代，及时“充电”是防止“人才贬值”的唯一方法。要让自己“不贬值”，那就需要不断地学习，升级自己的“知识库”，才能适应社会发展的要求。

在21世纪，人们比的不仅仅是工作的能力，更重要的是学习的能力。在现代社会，不再有什么“铁饭碗”，有的只是竞争以及

"优胜劣汰"。要想让自己成为企业中不可或缺的人才，就必须不断学习，升级自己的"知识库"，提升自身的能力来防患于未然。

任何一个团队都不欢迎不会学习的成员。这样的人不能掌握新知识，终究会被新的技术和体制所淘汰，从而影响团队整体的发展。只有拥有新知识的人才会受到团队的欢迎，才能获得更多的发展机遇。每一个优秀员工都应该不断学习，掌握更多更新的知识，保证自己的竞争力，同时提升自己所在团队的竞争力。

知识是一个人前进的不竭动力，任何一个成功者都是通过不断学习才开始走向成功的。终身学习，才能终生进步。正如人们常说的：你永远不能休息，否则，你就永远休息。一个人要成长得更快，就必须坚持不断地学习，随时给自己的"知识库"升级，以免被日新月异的信息化社会所淘汰。

学习的目的不仅仅是为了掌握知识，更重要的是在于应用，在于创新。否则，学习再多知识也是无用的。无论是一个人，还是一个团队，只有通过学习掌握现代的技术，才能更新技术，才能发明创造出更适合自己企业的技术。而创新能力不仅体现在发明创造上，还包括通过知识改进方法，提高工作效率等方面。

任何一种创新都需要累积更多的知识。只有不同的先进知识相互碰撞，才有可能擦出创新的火花。一个人的"知识库"越丰富越先进，就越容易创新。所以，学习是个人、团队绝对的竞争优势。员工只有保持不断的学习热情，才能和团队一起进步，共同成长！

第八章　永不放弃，点燃团队激情

每个人心中都有坚忍不拔、坚持到底的正能量。它来自于我们的内心深处，关键在于我们到底是不是积极的、乐观的、坚强的，跟别人没有太大的关系。外界环境对它也没有太大影响，关键在于自己的内心。然而，这种来自内心的力量却有着强大的魔力，能够感染我们身边的每一个人，点燃整个团队的工作激情！

完成每一个被赋予的任务

对于职场人来说，工作就是一种职业使命，就是不附带任何条件的绝对执行。在竞争日益激烈的现代社会，不能完成被赋予的任务的员工，是不可能在事业上取得成功的。作为一名员工，接受了企业委派的任务就意味着对企业做出了承诺，就必须无条件地兑现，这是最基本的品质。

对于企业而言，员工是企业不可或缺的组成部分，所以，员工是否能够完成任务，间接地反映出这个企业是否能够完成项目目标。如果因为员工不能完成任务而影响企业整体发展的步伐，最后倒霉的还是员工自己。由此看来，完成每一个任务不仅仅是为了企业的利益着想，更是为了自己的前途着想。

美国成功学家格兰特纳曾经说过："如果你有自己系鞋带的能力，你就有上天摘星星的机会。"工作中没有大事小事、难事易事之分，关键在于我们是否在接受任务之后有坚定的决心，全力以赴地去工作。

很多对工作不负责任的人，总是为自己无法完成任务而寻找借口："这不是我分内的事"、"这件事太难了"、"我没有这方面的经验"，等等。事实上，正是这种消极、悲观的情绪导致了他们的失败。

工作中的每一件事、每一个任务都值得我们去做，而且是用心地去完成。作为一名员工，我们的人生目标贯穿于每一项工作中，我们对工作所持的态度往往决定我们人生的高度。作为团队的一员，我们的价值体现在每一次完成任务的价值中，我们是否用心工作、彻底完成任务不仅关乎自身在团队中的价值，更关乎团队整体对完成任务的热情和决心。

周亮是一家食品生产企业的“销售明星”。他对待工作非常认真努力，无论上级下达多么艰巨的销售任务，他都能想办法完成。然而，一个偶然的机会他听说公司的财务发生了困难，可能连下个月的工资都发不出了。他从此开始变得消极怠工，连最简单的客户也不愿意用心，半个月过去了没有签下一笔订单。不仅如此，他还不停地为自己无法完成任务找借口，和同事抱怨公司的广告投放太少，给他们的销售带来很大的困难，等等。

面对整个销售团队都不能完成任务，销售业绩大幅度下跌的情况，销售经理不得不召开一次全体销售员的会议，解决这个问题。会议一开始，销售经理就点名让以往销售业绩十分突出的周亮说明最近销售量下跌的原因。周亮站起来像往常一样开始抱怨，其他销售员听后纷纷附和。

销售经理心里明白这些都只是借口，根本原因是大家担心公司发不出薪水。他打断了周亮的抱怨，然后说：“现在会议先暂停10分钟，我先把皮鞋擦亮。”说着，他就打了一通电话，叫来一个专门负责擦皮鞋的小男孩。

销售经理旁若无人地坐在椅子上，让小男孩帮他擦鞋。在场的人都惊呆了，他们觉得经理今天大概是疯了！那个小男孩却不管这些，他很高兴又来了一笔生意，他用心地擦亮一只鞋子，然后又开始擦另一只。他不慌不忙地擦着，不放过任何一个细节，十分专注地完成自己的工作。

皮鞋擦亮之后，销售经理给了小男孩5元钱。然后才抬起头，看着大家说：“这个小男孩每天放学后就在我们工厂门口摆摊擦鞋。

在他之前，有一个比他大一些的大男孩在这里擦鞋。虽然我们工厂有数千名的员工，但他仍然无法赚到足够的钱以维持生计，最后只好放弃。可是，这个小男孩工作时间比大男孩少很多，却依然有相当不错的收入，不但可以补贴家用，还能存下一点钱来。他们俩工作环境完全相同，工作对象也完全相同，小男孩因为还要读书，面临的困难更大，可是他却有更好的收入。其中的原因，你们知道吗？”

“因为小男孩擦每一双鞋都很用心。”周亮小声地回答。

“是的！我知道你们最近听到了关于公司财务发生困难的谣言，从而影响了工作热忱。现在，我告诉你们，只要你们像以前那样认真、努力地完成每一个销售任务，我们公司就再也不会发生什么财务危机了！”

团队的命运往往紧紧系在每一个团队成员对待工作的态度上。周亮因为公司财务出现困难而消极怠工，却不知道这种行为只会加剧公司的困难，却无法解决困难。只有大家用心做好工作，完成各自的销售任务，才能解决问题，为自己带来更好的前程。

世界上没有完不成的任务，只有不用心的人。一个人无论从事什么样的职业，面临什么样的任务，都应该尽职尽责地用心对待。在完成任务的过程中，使出自己最大的力量，全力以赴，这样才能逼迫自己将智慧全部发挥出来，才能完成每一个被赋予的任务，承担起每一份责任。

不附加任何条件地完成每一个任务是卓越员工的使命，这种使命感所催生的工作激情往往关乎团队的成败。把自己接到的每一个任务都执行到位，就能够脱颖而出，进而激发所有团队成员对待工作的热情，推动团队发展。

将不可能变成可能

工作中，很多人都会被“不可能”三个字吓倒。当一件看似“不可能”完成的工作摆在眼前时，大多数人都抱着避之唯恐不及的态度拒绝接受。这样的人终其一生，也只能平平庸庸。只有那些勇于向“不可能”完成的工作发起挑战的员工，才能战胜自我，在工作中提升自己的价值，赢得别人的欣赏和认可，成为最受团队欢迎的人。

一位成功人士说：“只要有无限的热情，几乎没有一样事情不可能成功。”对于渴望成功的人来说，越是看似不可能成功的事，越可能成功。将不可能变成可能，往往就是最大的成功！

在电视剧《大长今》中，有这样一段剧情：百本是一味对人体药效极好的中药，几乎所有的汤药中都要加入这味药。虽然朝鲜很早就已经引进了百本的种子，却一直没有栽培成功。在朝鲜人看来，种植百本几乎是不可能的事。大长今知道这件事之后，决定尝试种植百本。

当时，很多人都劝她放弃，因为这根本就是不可能的事。可是，大长今却认为，世界上没有不可能的事。她先用撒播的方式种植，结果失败了。接着又试了条播、点播等各种方式，结果还是失败。在播种之后，盖土、浇水、施肥等每个程序她都做了很多种尝试，可是她的一切努力都没有效果，种子始终没有发芽。

大长今不断地总结经验，并且翻阅各种书籍，寻找成功的方法。经过不懈地努力，大长今终于成功种植出了百本，将别人口中不可能的事变成了可能。

大长今之所以能够得到大家的喜爱和赞赏，就在于她拥有顽强的毅力，在困难面前不服输的精神。她说过这么一句话："不管是谁，任何人都不能叫我放弃，我绝不放弃！"她用这种态度对待自己的人生，最终取得了人生的成功。如果她像那些平庸的人一样在一开始就在"不可能"三个字面前屈服，放弃了努力，那么在朝鲜种植百本就真的成了不可能的事。

成功者之所以成功，就是因为他们对"不可能"多了一分坚持。事实上，大部分"不可能"的事都只是暂时的，只是因为我们一时还没有找到解决它们的方法。所以，优秀的员工在工作中遇到困难的时候，永远不会被"不可能"束缚住手脚，而是抱着永不放弃的信念，坚持不懈地努力，最终将不可能变成可能。

他在6岁时，失去了双亲，成为孤儿。面对命运的挑战，他并没有屈服，不但考进了巴黎的一所大学，还研发了自己的专利产品——人字形齿轮，并且成立了自己的公司。然而，生意始终没有什么起色。在他去美国福特汽车公司参观之后，他作了一个大胆的决定：靠轮子成功！可是，当时他的公司生产的齿轮跟汽车行业根本毫无关系，要靠轮子成功几乎是不可能的事！

虽然亲友纷纷劝他放弃，但他依然坚持把福特汽车生产线引入自己的公司。可是，多次试验之后，均以失败告终。很快，"一战"的战火使他的公司不得不停产。然而，他依然凭借顽强的毅力在战火中靠军火赚了不少钱。

战争结束后，他把卖军火赚的钱全部投入到汽车行业，并且夸下海口："日产汽车100辆!"这对于一家刚刚成立，甚至还算是外行的汽车厂来说，简直是天方夜谭。然而，在他的不懈努力下，他终于成功研制出了a型汽车。由于这款汽车价格便宜、款式新颖，一经问世就吸引了消费者的眼球，收到了大量订单。经过改良，很快这款汽车的日产量就达到了300辆，远远超过他当初的许诺。不久，以他的名字命名的汽车成为全法国第一品牌汽车。

他就是“雪铁龙”汽车的创始人安德烈·雪铁龙。如今，“雪铁龙”汽车已经成为世界汽车行业的优秀品牌之一，当初在所有人看来不可能的事早已成了现实。

很多时候，不是因为某些事难以做到，而是因为我们没有足够的信心。创办公司对于失去双亲、孤独成长的安德烈·雪铁龙来说好像是不可能的，可是他做到了。生产汽车对于只会生产轮子的安德烈·雪铁龙来说同样看似不可能的，可是他依然做到了。其中最重要的原因就是他有信心，相信只要敢想敢做，就没有什么事是不可能做到的！

勇于向“不可能”完成的工作挑战的精神，是一个人获得成功的基础。对于一个团队来说，总会遇到一些难以完成的任务。这时，如果团队中有一个人因为“不可能”而选择放弃，就会影响其他团队成员的热情，从而使整个团队畏缩不前。

一位老板描述自己心目中的理想员工时说：“我们所急需的人才，必须要有奋斗进取的精神，勇于向‘不可能’完成的工作挑战。”这样的人之所以能够成为职场的宠儿，不仅因为他们敢于将不可能变成可能的精神使他个人的价值得到最大体现，做出非凡的业绩，更在于这种精神能够感染团队中的每一个人勇敢地向“不可能”发起挑战，锲而不舍地追求成功！

不要在成功之前就告诉自己“不可能”，它就像一颗定时炸弹，随时都可能将我们的勇气与毅力炸得粉碎！只要坚持下去，努力去做，任何不可能都将变成可能！

心怀希望，才能有坚持到底的勇气

希望，是每个人内心最真实的精神力量，它可以在我们最迷茫的时候给予我们最大的动力。只有心怀希望的人，才能有一直坚持到底的勇气，不会半途而废。对于员工来说，只有对自己心怀希望，对企业心怀希望，才有勇气去坚持自己的工作，坚持为自己的企业作贡献，才能成为企业发展过程中不可或缺的支柱。

心怀希望的员工不会对自己工作失望，从而半途而废。因为这些希望在他们想要放弃的时候给他们最大的精神动力，使他们有坚持到底的勇气。而这样的员工更能够取得老板和企业的信任，他们的积极向上的精神会感染企业更多的人，让更多的同事带着希望去工作，带着强大的精神动力去工作，使企业赢得更多的利润。

张敏是一家企业的人力资源部总监，她所在的部门业绩非常好，部门所有员工对待自己的工作都充满了热情和希望，每个员工都有坚持工作的勇气和态度。这与她不断强调满怀着希望是工作的灵魂是分不开的。

在张敏看来，带着希望去工作是一种不放弃、坚持到底的勇气和精神，员工之间的合作、沟通、目标的完成，都需要所有员工以满腔的希望去认同并贯彻。每个员工只有在工作中充满希望，自己才有坚持到底的勇气，团队才能有出色的业绩。

其实，在张敏加入企业之前，这个部门的员工精神态度不是这样的。那时候，这个部门的员工都厌倦了自己的工作，认为自己目前的工作单调乏味，毫无希望，没有坚持到底的勇气和决心，对自己和企业的未来都充满了怀疑和猜测。但是张敏的到来改变了这一切。

她经常对下属说："投入、专注和希望，是成就一切事情的基础，只有满怀希望，才能有坚持到底的勇气，即使是微不足道的事情，只要我们满怀希望，也能做出不平凡的成绩。"

每天，张敏到公司时都会微笑着与每个同事打招呼。在工作时，她总是容光焕发；在工作的过程中，她充分调动自己身上的潜力，研究新的工作方法。在她的影响下，部门的员工也都是早来晚走、斗志昂扬，对工作充满了希望。部门的业绩也开始不断上升，在很短的时间内，便被评为优秀部门，每个人都得到了丰厚的奖励。

满怀希望是做事的重要条件，满怀希望的员工是企业进步的根本。任何企业都希望员工对工作保持希望，在遇到困难的时候有坚持到底的勇气和决心。张敏就是这样一个优秀的员工。她不仅自己对工作、对企业心怀希望，而且用这种精神感染其他员工的情绪，从而提升整个团队的工作热情，营造良好的工作氛围，为团队、企业的进步作出了巨大的贡献。这样的员工无疑是团队、企业最欢迎的员工。

美国经济学家罗宾斯认为，人的价值=人力资本×工作热情×工作能力。一个员工如果不能对工作充满希望，那么他的价值就是零。对工作满怀希望的态度，源于对自己工作和企业的热爱，对人生的追求和对未来的憧憬，只有满怀希望，才能有坚持到底的勇气，才能取得成功。

吉尼是一名广告策划者，一向对工作充满希望和自信的她却遇到了一个近乎苛刻的老板。每次她把策划方案交到老板手里，低眉顺眼地询问老板哪里有所欠缺的时候，老板都会直接地说："我也不知道哪里不好，就是感觉不够完美，总之你还要继续，不然就重来。"

每次从老板办公室出来的时候，吉尼的心情都跌到了谷底。几经周折，她对工作也丧失了激情，如果再继续下去，她只能从这家待遇极好的企业辞职。可是她不愿意放弃，不断地激励自己困难只是暂时的，要心怀希望，要坚持到底，争取得到这个苛刻的老板的肯定。

于是，她重新调整状态，带着希望继续坚持下去。在接手一个环卫广告之后，她精心准备了策划方案。完成方案之后，吉尼完全将自己的视角转变成一个挑剔者，一遍又一遍地修改，直到自己感觉没有任何问题为止。最终，老板肯定了吉尼的努力，点头认可了方案，并任命吉尼为这个项目的负责人。

如果吉尼在老板的严苛的挑剔下选择放弃，她的人生和事业就将是另一番风貌。一个在困难面前很容易失去信心，看不到希望的人，无论走到哪里都很难做出成绩。其实，在任何工作岗位上，老板的挑剔都是对自己的鞭策，虽然在我们追求完美的过程中，会受到很多打击，但是我们还要心怀希望，认为自己会让老板和企业满意，这样才能有坚持到底的勇气，才能取得最终的成功。

在现实中，总有一些人在困难和挫折面前轻易放弃，用厌恶甚至恐惧的眼光看待未来。这样的消极心态使他们陷入绝望的泥潭，找不到解决问题的勇气和热情。这样的人注定要和失败相伴。

不要害怕工作中的任何挑战，我们对工作的希望，永远是我们坚持到底的勇气，永远是我们最强大的精神动力，只要我们带着希望工作，就会有坚持到底的勇气，就有成功的机会！

在心中放个不倒翁

“不倒翁”是一种形状像人，在外力压迫之下会左摇右摆，一旦外力消失就会迅速站立起来的玩具。每一个成功者心中都有这样一个不倒翁，无论外界环境如何，无论面临怎样的困难和挫折，无论经历过怎样的失败，都不会屈服、放弃，再次站立起来继续奋斗！

居里夫人曾经说过：“我从来不曾幸运，将来也不指望幸运，我的最高原则就是，对每个困难都不屈服。”正是这种不倒翁的精神，激励着居里夫人创造出一项又一项的成就。对于员工而言，在心中放个不倒翁，会让我们更容易取得成功。不倒翁是能够承受压力、困难、挫折的代表。在受到压力、困难和挫折的时候能及时恢复过来，重新工作。这种百折不挠，不向困难、挫折屈服的精神，是成为优秀员工的必要素质。在社会竞争激烈的今天，这种不倒翁的精神尤为重要。

稻盛和夫在他27岁的时候开始创办京瓷公司。然而，在他创业刚开始的阶段，公司经营惨淡，困境重重，甚至连员工的工资都发不出来。不少员工都辞职离去。稻盛和夫几乎成了光杆司令。但他并没有灰心，不仅持之以恒地努力工作，更是通过让出一些股份给员工以挽留住最后一批员工。

但是，困难并没有因此停止，让人意想不到的问题始终不断。虽然很多员工都在问题面前开始退缩，但稻盛和夫始终以乐观的精神和惊人的毅力坚持着。这种精神形成了强大的凝聚力，把公司所有的员工都紧密联合在一起，为公司奋斗。就这样，京瓷公司开始慢慢地走上了辉煌之路。

稻盛和夫之所以能够取得今天这样令人瞩目的成就，很大程度上都是取决于他心中有个乐观、坚强的“不倒翁”。他的这种精神不仅改变了自己的工作状态，更给自己的团队注入了无限活力和希望，增强了团队的凝聚力，为团队的成功作出了无声的贡献。

对于员工来说，自己职业道路是不可能一帆风顺的，每个人都会遇到一些挫折和困难，但是对于优秀的员工来说，他们会如同一个不倒翁一样，失败了再来，在一次次困难中吸取教训，最后赢得胜利，取得成功。

莎士比亚曾经说过：千万人的失败都是失败在离成功还差一点，就终止不做了。现实中有很多人都在这千万人之列，相信他们一定也努力过，也曾全力以赴地付出过，但是他们的努力，在遇到挫折与困难时就停止了。他们在失败过一次、在付出很多努力依然看不到希望时，就开始怀疑努力和成功的关系，甚至开始放弃自己。其实，有时候成功就藏在下一个转角处，如果我们没有“不倒翁”的毅力，我们就永远也看不到它。成功需要机遇，但机遇往往又是自己创造的。很多失败者并不是因为缺少机遇，而是缺少创造机遇的毅力，从而和成功失之交臂。

人都是有惰性的，一旦被挫折缠绕，就很容易想要选择更简单的路去走。坚持是一件很难的事，有时并不是外界环境有多么艰难，而是因为内在的惰性而坚持不下去了。拥有“不倒翁”精神的人往往能够战胜这种惰性，用执着和坚韧来获取成功。

1982年，18岁的马云第一次参加高考，可是因为他的数学实在太差，只考了1分。这次的挫败令马云灰心丧气，他认为自己根本不是考大学的料，于是他开始四处打零工谋生计。一个偶然的机会，马云捡到了一本书——路遥的《人生》。从这本书中，他读出了一个道理：人生之路，不仅是漫长的，更是充满坎坷曲折的，若要有所成就，必将经历一番磨炼。

于是，马云决定再战高考。1983年，19岁的马云第二次参加了高考。但是，幸运之神似乎并不眷顾他，他再次惨败。

成绩出来之后，马云的父母都认为他注定不是考大学的料，劝他放弃，学点手艺混口饭吃。但是，马云却不甘心，他边打工边复习。1984年，20岁的马云第三次参加高考。这一次，靠套用死记硬背的10个数学公式，他的数学居然考了79分，而当时数学满分是120分，72分就算及格。这个成绩让马云顺利地考上了杭州师范学院，成为一名外语系的本科生。

如果马云在第二次高考失败后听从父母的劝告，放弃考大学而选择去学一门手艺，大概就不会有今天的阿里巴巴了。马云的成功靠的不是优异的学习成绩，不是显赫的家庭背景，不是聪明睿智的头脑，而是不屈服于困境的不倒翁精神。

美国前总统柯立芝在其人生回忆录中写了这样一段话："世界上没有一样东西可以取代坚忍不拔、锲而不舍的意志品质。才能不可以——怀才不遇者比比皆是，一事无成的天才也到处可见；教育也不可以——世界上充斥着学而无用、学非所用的人。只有具备了坚忍不拔、锲而不舍的意志品质，一个人才能无往而不胜。"

个人的成功需要不倒翁精神，团队的成功同样需要。一个团队要想取得成功，团队成员除了要具备必胜的信心和出色的能力之外，最重要的是必须具备坚忍不拔、锲而不舍的精神，并且用这种精神去感染团队中的每一个成员。这才是确保团队生存和发展的根本。如果团队成员对自己正在从事的工作产生挫败感，那么他就不会全身心地投入到工作中去，不能以坚忍不拔的精神坚持到底，遇到困难会马上退缩。他所做的工作就会半途而废、前功尽弃，从而影响团队整体的业绩。

具备坚忍不拔、锲而不舍的不倒翁精神，并不一定能够取得成功。但是每一个成功者必定都具备这种精神。如果我们想获得成功，就必须在心中放个不倒翁，让周围的人都知道，一件事到了我们手中，就一定能做成。一旦我们具有了百折不挠、永不放弃的不倒翁精神，无论到哪里，我们都能找到自己的位置，都是团队最欢迎的人。

只要再坚持一下，转机就来了

任何成功都不是一帆风顺的，关键在于我们能否坚持下去。一个人要克服一点儿困难并不难，难的是持之以恒地坚持下去，直到最后成功。很多人在成功的路上半途而废，失去了坚持的勇气。其实，只要他们能够再多花一点时间，多花一点力气，再坚持一下，转机或许就会出现。他们离成功就又近了一步。但是，假如不再坚持，唯一的结局就是前功尽弃、一败涂地！

著名的思想家艾丽丝·亚当斯曾经说过："世上没有所谓的失败，除非你不再尝试。"成功是指实现了目标，但并不意味着途中不遭受挫折。许多时候，眼前的挫折和失败都只是一时的，只要再坚持一下，就会多一点成功的机会。有时，成功需要的恰恰就是再坚持一下的勇气。

成功其实很简单，就是比其他人多坚持一秒。在失败者放弃的时候我们坚持下去，我们就成功了。

每一个人、每一个团队、每一个企业，在生存和发展的过程中，都会遇上各种各样的困难。有些人一遇到困难便绕过去或者干脆放弃，所以，他们大多都是失败者。而有些人却选择想尽各种办法解决困难，即使最后无计可施，他们也会坚持与困难抗争到底，全力以赴地去努力，直到成功。所以，成功的喜悦永远只属于在困难中再坚持一下的那些人、那些团队以及那些企业。

很多事都是这样，当别人都选择放弃的时候如果我们能够再坚持一下，不轻易放弃工作中任何一件困难的事，那么，我们离成功就会比别人更近一步。这是一个竞争非常激烈的时代，如果一件事很容易就能够做成，恐怕很早就已经有人做了。这种成功并没有太大的意义。作为一名员工，如果我们想快速获得提升，得到别人的认可，就必须在一些别人无法完成的工作中坚持下去。当我们做好了，我们的价值就超越其他人，我们也将成为团队中必不可少的人！

李健在成为一名广告业务员之前，只是一名普通的工人。对于他想做业务员的举动，很多人都表示怀疑，他却对自己信心满满。刚开始，业务经理并不愿意接纳这样一个没有任何销售经验的人加入自己的团队。于是，他就向经理提出不要薪水，只按自己的业绩抽取佣金的提议。也就是说，不管他的业绩如何，公司都不会有什么损失。于是，经理勉强答应了他的要求。

接着，李健向经理要了一份客户名单。让经理吃惊的是，他要的居然是团队其他人长久以来都无法拿下的大客户名单。他提醒李健，他们团队之前为此付出了很多努力，但都没有成功。那些客户根本不可能和我们合作。李健却并没有为此动摇，他拿着名单离开了经理的办公室。

李健在拜访第一个客户的时候就碰了钉子。每次他去拜访这个客户，对方都是面无表情地说："不！"可是，对于这些，李健从不畏惧，他继续坚持每天都去拜访，而且每次都像拜访新客户一样用心。

一个月、两个月过去了，李健已经连续听了60天的"不"字，却依然笑容满面地敲响了那个大客户的门。这一次，对方突然有兴趣与他多说几句话："除了'不'字，这60天以来你没有从我这里得到任何东西。我想知道，是什么让你一直坚持？"

李健笑着说："不，您是我的老师。60天以来，我在您这里学会了如何在逆境中坚持。”

那个大客户听后点点头，说：“其实，你也是我的老师。我们都学会了如何坚持。对我来说，这比金钱更加宝贵。为了表示感谢，我决定购买你们公司一个广告版面。”

很快，李健就因为业绩突出而得到业务经理的青睐，邀请他正式加入销售团队。其他同事也对他刮目相看，纷纷向他请教成功的秘诀。李健说：“坚持！即使在看不到任何希望的时候，也要再坚持一下！”

成功者和失败者的区别，不在于能力的大小，环境的好坏，而在于谁爬起来的次数比倒下去的次数多一次。这就是坚持的力量。像李健这样在困难面前不低头、坚持到底的优秀员工，是任何一个团队都渴望拥有的。他的毅力和再坚持一下的勇气，是个人成功的法宝，更是推动团队成功的精神动力。

停止抱怨，坚持再做些努力

抱怨，是宣泄情绪的方式之一，但是对于一个优秀的员工来说，他们会很好地控制这种情绪，停止抱怨，取而代之的是更加努力地工作。

在企业中，对于企业的规定或者同事的行为，每个人都不可能十分满意，每个员工都会有抱怨，但是企业不会考虑我们的这些抱怨，企业要的是业绩。只有停止抱怨，坚持自己的工作，再做些努力，才能取得企业的关注，才能在企业中立足。

王兵是从学校毕业刚来公司的员工，工作一年之后，就已经从秘书升为老板的助理。在这期间，王兵的努力企业员工都有目共睹，但是对于一些工作很久却未能获得提升的员工来说，他们开始抱怨老板的不公平。这其中就包括进入企业3年却从未获得重视的陈良。然而，陈良并没有像其他员工那样整日处在抱怨中，甚至因此耽误自己的工作。他意识到抱怨只会让自己被团队所抛弃，离成功越来越远。

陈良开始认真思考为什么自己得不到重视，虽然自己也很努力，但是为什么不能像王兵那样得到认可。在停止对企业的抱怨之后，陈良认为是自己努力得还不够。于是，他更加专注于工作，积极思考做出更好业绩的方法，甚至不惜牺牲自己的休息时间。

在一次产品策划讨论会上，陈良演讲了自己准备许久的策划书，得到了企业和老板的认可。很快，陈良的方案得到通过，产品生产之后在市场上也引起较大反响。最终陈良在企业人事安排中被委以重任。

陈良的成功是因为他能够克制自己的抱怨情绪，能够在自己有怨气的时候想："为什么我要抱怨，让我抱怨的理由是什么？"在停止抱怨之后，他很快就发现了自己的不足，很快就重新投入到自己的工作中去，并且更加努力。

美国最受尊崇的心灵导师之一威尔·鲍温在他的作品《不抱怨的世界》中说："我们抱怨，是为了获取同情心和注意力，以及避免去做我们不敢做的事。"不抱怨是一种美德，职业人如果能够以不抱怨为第一要义，没有抱怨的观念，就很容易在职场中立足。在工作中，我们遇到太多这样的人：当自己遇到困难的时候，总是在抱怨，从来不愿意积极地面对现实，不是说老板的不好，就是说同事的不给力。这样的员工永远不会获得企业的欢迎，任何一个集体都不愿意接受这样的员工。

美国著名作家海伦说过这样一句话："抱怨会使心灵黑暗，爱和包容则使人生明朗开阔。"一个员工如果总是在抱怨自己付出得多却得到得少，不愿意多做一点点工作，时间长了，就会使自己的心灵黑暗，得不到同事和领导的重视和信任。在得不到其他人信任之后，就意味着我们在一步步远离这个企业，最后被大家抛弃，但是如果停止抱怨，更加积极努力工作，领导和同事就会看到我们作出的贡献，就会信任我们、重视我们，最终取得自己和企业的双赢。

船王包玉刚在美国哈佛大学演讲时说："成功并无捷径可言，要想成为好的企业家，就要停止抱怨，勤奋苦干，要脚踏实地地坚持自己的工作，最终就会取得成功。"

包玉刚并没有接受过良好的高等教育，但是他干一行、学一行、钻一行，兢兢业业，持之以恒，从不抱怨。由于生意需要，他经常会见大量的国外客户，这给英语一窍不通的他造成了很大的麻烦。刚开始时他也曾抱怨过自己，但是很快他就停止了这种无谓的抱怨，而是刻苦自学英语。吃饭、睡觉、工作，无时无刻不在学习英语。在几十年的坚持下，他终于能够用英语自主地与国外友人交谈了。

包玉刚用自己的实际行动证明抱怨对成功毫无益处，在遇到困难和挫折的时候，只有坚持再做一些努力，才能看到成功的曙光。这是对每一个人、每一个团队的要求。在工作中，每个人总会遇到不同的麻烦，会遇到不同的挫折，我们可以去抱怨，但是在抱怨之后呢？若是想要取得成功，就要停止抱怨，坚持自己的工作，全力以赴，不要抱怨自己付出得太多，得到得太少，只要我们继续努力，就会获得相应的回报。而且，只有不抱怨的员工，才能获得团队的欢迎，才能得到企业的认可。

一个人一旦被抱怨所束缚，就不能在工作中尽心尽力、全力以赴，而是应付工作，只要遇到一点困难就会不停地抱怨，时间和精力都会在怠慢的蹉跎中白白浪费掉，工作却毫无进展。这样的人无疑是在自毁前程，因为没有任何一个团队、一家企业愿意重用一个只会喋喋不休地抱怨却没有任何业绩的人。

比尔·盖茨说过：“生活是不公平的，你要去适应它。”每个员工，无论职位高低、薪水多少，都应该把自己的聪明才智在工作中充分展现出来。抱怨除了增添自己的烦恼，给团队带来消极影响之外，没有任何用处。在职场中，要想获得好的发展，就必须把所有的热情和心思都投入到工作中。只有不抱怨、在工作中努力付出的员工，才是最优秀的员工，才是团队最需要的员工！

用积极的心态去看待所有问题

无论我们从事什么样的职业，无论我们处于什么样的职位，或许工作分工不同，但可以肯定的是，不管哪个工作，在工作一段时间之后，都会令人产生厌烦之感。然而，优秀卓越的员工，会学会用积极的思想和心态来面对有所乏味的工作，会积极地面对所有的问题，用积极的心态去寻找工作中的乐趣并享受工作。

在工作中，有些员工总是不断地抱怨："太忙了，工作太辛苦了！""这项工作太没有意思了，简直无聊透顶了！""一天到晚都是这样的工作，这样的日子什么时候才是个头啊！"要知道，这样消极的抱怨不仅不能够解决实际问题，而且会影响同事的工作。如果能够以积极的心态去看待所有的问题，不仅自己能够享受工作的乐趣，还能够感染自己的同事，提高团队办事的效率。为企业创造更多的利润，也能够为自己创造更多的机会。

2008年，世界著名企业马莎百货要在中国大陆成立第一家旗舰店，而接受这家店的内装饰工程和外立面改造工程的企业是上海某建筑设计有限公司。在此之前，这家公司还未接到过这样大的项目，因此，企业上下都想要圆满地完成这个项目。

由于英国马莎百货企业总裁对这个项目提出严格的要求，在接到这个项目之后，上海某建筑设计有限公司还没有施工图纸和拆除图纸，而在竣工时间有严格要求的情况下要想圆满完成任务显然困难重重。

在项目动工之前，该设计公司董事长先是在企业内部进行动员，鼓励所有员工，要用积极的心态去看待所有的困难，并对项目做出了分解，制订出详细周密的工作计划。所有的员工日夜赶工，累了就在工地休息一下，饿了就吃盒饭。公司全体人员不知疲倦，克服了一个又一个难以想象的困难。凭借着顽强的意志，他们终于在规定时间内保质保量地完成了任务。

这个项目的完成不仅为这家公司带来了一笔不小的收入，更重要的是为他们带来了良好的信誉。这家公司的员工也被认为是行业内最优秀的员工。

团队的成功离不开每一个成员坚持不懈地努力。在困难面前，任何一个人选择了抱怨、放弃，都有可能影响团队整体的情绪，从而耽误工作的进度。然而，这家公司的每个人都选择了积极地面对困难，并取得最终的胜利。虽然他们在工作中遇到了各种各样的困难，但是积极的心态一直在激励着他们，鼓舞着他们坚持走下去。

的确，成功需要每个人付出辛勤和汗水，但是更重要的是一种心态，是一种泰山崩于前而面不改色的积极心态。同样的环境，同样的人，假如思想不一样，就会创造出不同的人生。我们也许听说过很多成功人士走出人生困境而取得成功的动人故事，我们在钦佩别人的勇气和毅力之外，还要看见别人积极向上的精神。要知道，任何人有了积极的心态和精神，也可以创造同样成功的人生。

世界著名企业甲骨文公司的创始人拉瑞·埃里森说过：“工作本身就是一种压力，更不用说技术、环境、工作方式等必然限制。”压力是工作的一部分，每个员工都会面对不同的压力和问题，但是优秀的员工会以一种积极的态度去面对这些压力和问题，他们能够以这种积极的心态去处理问题、化解问题，能够以积极心态去面对所有的问题。

一个员工，如果能够积极地面对所有的事情，那么在工作中必然会带着高昂的情绪做事，必然会影响自己的同事，必然会受到领导的重视。不论我们生活在什么样的环境中，从事着什么样的工作，只要我们还在为这份工作奋斗，我们就应该以积极的心态去面对它，用一种积极的精神去创造更多的人生价值。

马云说过："员工的工作目的不应该仅仅是一份满意的薪水和一个好的工作环境，还包括以积极的心态去工作而发现工作中的快乐。"他认为，以积极的心态去工作，就能发现工作中的乐趣，每个人一天拥有的时间是公平的，而以不积极的态度去工作，就是对自己不负责任。

对于员工来说，勤奋和努力必不可少，这是成为优秀员工的必要条件，但是在企业这个大的环境中，我们面临的问题不全是依靠努力就可以解决的。在面临这些问题的时候，最重要的就是用积极的心态去看它，只有用积极的心态去看它，才会相信这个问题自己可以处理。所以，我们在工作中，一定要用一种积极的心态去看待问题，只有这样，才不会畏惧困难和问题，才能解决问题，获得成功。

第九章　把客户当成家人，用爱心维护企业

我国的传统文化是一种伦理文化，特别注重家庭关系、人际关系，并且主张依靠亲情来联络成员、稳定秩序、传承家业、教育子弟。企业要想赢得客户的信赖与忠诚，就必须依靠其员工把客户当成家人一样去关心、爱护。

尽可能多地了解客户

所有关系的开展都是从了解开始的。要想服务好客户，得到客户的认可与忠诚，我们就必须尽可能多地了解客户。在和客户接触的过程中，对客户进行恰到好处的提问，可以让我们触摸到客户的需求以及心理的蛛丝马迹。这样就可以在为客户提供服务的时候做到有的放矢。

关注客户需求，是一个很重要的与客户建立信任关系的方法。很多销售人员在与客户接触时，想的都是自己企业的产品，一味地向客户介绍各种产品，却不考虑客户真正的需求是什么。结果导致客户根本没有兴趣继续和他沟通下去，甚至对他们的企业也产生了反感。而优秀的销售人员会选择循序渐进的方式，从客户的角度出发，像关心家人一样关心客户对产品以及售后服务的期望，然后再有针对性地介绍自己的产品，激起客户的兴趣。

李东是负责某品牌卡车的汽车销售员。一次，他去一家物流公司上门推销公司最新款卡车。成功约见对方公司的总经理之后，他并没有直接切入自己的产品，而是礼貌地说："据我了解，贵公司之前曾购买过我们公司的卡车。不知道使用情况如何，以及对我们的维修服务方面有什么意见？"他边说边拿出了笔记本。

李东不但说中了客户最关心的事，而且态度非常诚恳、认真，立刻拉近了和客户之间的距离。接着，那位总经理就把自己公司对这个品牌的卡车的使用情况、维修情况等，做了详细的介绍，并且提出了自己的期望。李东边听边点头表示认可，而且认真地在笔记本上记下了一些重点。

接着，他又顺其自然地问到该物流公司每年更新车的时间，以及有哪些更新意向等。对方毫无戒备地道出了心中最真实的想法。

最后，情况了解得差不多了，他就拿出将要推销的最新款卡车的宣传资料，递给对方，说："这里有一些最新款卡车的技术资料，如果贵公司感兴趣，不妨和我联系，我一定竭诚为您服务！同时，我一定会把今天您所反映的有关车的情况，上报给公司，以便为您提供更好的服务，谢谢您！"

没多久，李东就接到了那个总经理的电话，希望购买几辆最新款的卡车。

李东在充分了解客户的基础上，再针对客户的特点进行推销，满足客户的需求，他不但成功完成了销售任务，同时也维护了企业的声誉，宣传了企业的形象，可谓是一举多得。对于客户，我们了解得越多，就越能判断出对方的问题所在，也就越能拿出解决问题的产品和服务。

或许我们认为自己对客户的情况已经知道得很多了，尤其是一些销售人员，总觉得自己已经非常了解客户了。事实上，如果我们真正开始用心收集客户的信息，就会惊讶地发现还有很多我们不知道的细节。至于如何才能获取更多有价值的信息，就要看我们与客户之间的关系如何了。

换位思考一下，假如我们是客户，一家办公用品公司的推销员约我们谈下一年购买纸张的计划，我们对对方并不了解，之前甚至没有见过面，而且对他们公司也知道得不多，如果他问我们"贵公司一年大概需要多少纸张？""贵公司过去使用的纸张有没有退货的情况？是什么原因导致退货？"恐怕你会在心里说："这和他有什么关系？”进而对他敬而远之。这就是因为互相尚未建立信任的关系，所以不愿意和对方交流深层次的信息。

但是，如果他是我们的朋友，甚至家人，情况就会完全不同！他随意地问一句：“最近怎么样？”我们都会感觉自己被关心，进而不自觉地说出最近的烦恼所在：“公司又要制订下一年的采购计划了，最麻烦的就是纸张。之前合作的那几家公司纸张都不行，很多员工反映印制的合同显得不够档次。去年还剩下不少纸张，公司要求退货，但是对方又坚决不给退货。头疼啊！”从这几句简单的牢骚中，对方很快就掌握了你们公司对纸张需求的关键信息。

对于熟人，我们既信任又依赖，我们相信他能够帮助我们解决问题，所以愿意和盘托出。每一个员工都应该和客户建立这样的关系，努力赢得客户的信任。其中，最简单也是最直接的办法，就是付出我们的真诚，把客户当成家人一样去关心、爱护。

我们要明白，只有当客户充分信任我们的时候，客户才会想让我们更多地了解他。我们对客户了解得越多越透彻，就越能够满足客户的需求，解决客户的问题，而客户也就越信任我们。这是一种良性的循环。慢慢地，双方的隔阂就会消除，而我们和我们的企业也就成了客户最信任、最需要的合作伙伴。

要彻底赢得客户的信任，除了尽可能多地了解客户，还有一点必须要注意。那就是，对于客户和我们分享的任何信息，我们都必须做到严格保密。只有忠诚才能换取忠诚！哪怕是家人之间也需要这种忠诚。如果我们把自己家人的私密信息泄漏出去，即使他们原谅了我们，但也不会再信任我们。更何况客户和我们之间只是一种我们悉心建立起来的相当脆弱的关系！所以，任何时候任何情况下面对任何人，我们都必须为客户保密！这是我们和客户之间维持长久的信任关系的关键！

给客户一点尊重，给自己一个机会

企业的利益最终来源于客户。因此，从开始接触客户的那一刻起，我们就应该把客户当成家人一样去关心，竭尽全力地为客户提供最优质的服务，使其成为企业忠诚的客户。要做到这一点，我们必须具备对客户发自内心的尊重。

英国著名作家约翰·高尔斯华绥说：“人受到震动有种种不同：有的是在脊椎骨上；有的是在神经上；有的是在道德感受上；而最强烈的、最持久的则是在个人尊严上。”无论是亲人、朋友还是陌生人，尊重总能给他们带来最强烈、最直接的舒适感。

有这样一道非常流行的智力题：树上有10只鸟，猎人开枪打掉了一只，还剩下几只？答案是：一只也没有。如果把这道题引用到企业的客户服务上，是同样的道理。一个员工对客户的不尊重、不负责，就会让客户对这家企业的整体服务都产生怀疑，从而不愿再选择这家企业的产品和服务。也就是说，一个员工不尊重客户就会影响到整个团队的所有人，进而影响到企业整体的发展。

无论多么成功的企业都需要通过与客户建立一条感情的纽带来传递他们尊重客户的态度，从而开发潜在的客户，提升老客户的忠诚度。而这条感情的纽带其实就是和客户直接接触的那个员工。虽然一个企业中有很多员工，但在大部分客户心中，企业就是他接触到的那一个员工。如果这个员工尊重他、关心他，那么这家企业在他心目中的形象就会提升很多，他就愿意给企业一个机会。

世界著名的推销大师乔·吉拉德说：“我们的客户也是有血有

肉的人，也是一样有感情的，他也有受到尊重的需要，因此，我们如果一心只想着增加销售额，赚取销售利润，冷淡地对待我们的客户，那很抱歉，成交免谈了。”

一次，一个中年妇女走进了乔·吉拉德负责的汽车展销室。她看起来并没有购买的打算，只是随便逛逛。然而，乔·吉拉德还是热情地和她打了招呼，她有些不好意思地说自己只是想在这儿看看车打发一会儿时间。对此，乔·吉拉德并没有提出异议，也没有表现出丝毫的不高兴，而是继续和她闲聊。

接着，她告诉乔·吉拉德她想买一辆白色的“福特”汽车，因为她表姐就拥有一辆那样的车，她很喜欢。但是，对面“福特”汽车展销室的推销员让她过一小时以后再去，所以她就先来这儿看看。接着，她有些不好意思地说：“其实，今天是我55岁的生日。我想买辆车送给自己做生日礼物。”

“生日快乐！夫人。”乔·吉拉德一边热情地说，一边请她“随便”看看。走到前台附近的时候，乔·吉拉德低声交代了什么，然后就陪着那位中年妇女继续往前走。他们走到了一辆白色双门式轿车前，那位中年妇女表现出了一定的兴趣。乔·吉拉德顺其自然地对她说：“夫人，既然您现在有时间，不妨让我给您介绍一下这款白色的轿车。”

他们正在交谈，一个漂亮的女秘书走了过来，递给乔·吉拉德一束鲜艳的玫瑰花。乔·吉拉德把花送给那位中年妇女，并且真诚地说：“祝您生日快乐！”显然，她很受感动，眼眶都湿了。她有些激动地说：“已经很久没有人送我礼物了！刚才那位‘福特’汽车的推销员一定是看我开了一部旧车就以为我买不起新车，我刚要看车他却说有事要离开一下，于是，我就来这儿等他。其实，我只是想要一辆白色的车而已，至于是不是‘福特’倒没那么重要。”

最后，她买下了乔·吉拉德向她介绍的那款车，并且付了全款。

其实，从一开始乔·吉拉德都没有劝过这个中年妇女放弃“福特”而买自己推销的汽车，但她最终还是选择了乔·吉拉德的产品。因为她在这里感受到了尊重。任何人都渴望得到尊重。不懂得尊重客户，冷淡地应付客户，最终只能失去客户的信任。所以，在工作中，我们要让客户感受到尊重，这样客户才会接受我们，才能给我们机会。作为员工，尊重客户其实就是在尊重自己。客户如果给了我们一个合作的机会，这不仅是我们个人的成功，更是团队的成功，企业的成功。

尊重客户并不仅仅是要为客户提供周到的服务，它还包含了很多方面。比如，重视客户的感受，从客户的角度去看待问题；以礼貌的方式对待客户；尊重客户的时间和空间；尊重客户的文化、种族、职业和性别，用更加适合的方式对待不同的客户等。

不要认为我们对客户的尊重是没有意义的。要想留住更多的客户，为企业带来更多的利益，就必须懂得尊重我们的每一位客户。任何人都愿意和一个懂得尊重别人的人建立良好的关系。所以，我们对客户的每一份尊重都是有价值的。

作为员工，如果我们能够尊重客户的价值，就会生产客户需要的产品，提供客户满意的服务，就会得到客户的尊重。反之，如果我们提供的产品只是自己一厢情愿，而没有考虑到客户的需求和感受，就不会受到客户的欢迎，甚至还可能会引发客户的不满，从而影响企业的品牌形象。客户得不到员工的尊重，那么企业也就得不到客户的尊重。

一个拥有主人翁精神，把企业当成自己的家的优秀员工，必然会把客户当成家人一样去关心、尊重，为企业赢得客户的选择和忠诚。

平等对待每一位客户

生活中的每个人，无论职务高低、知识多寡、贫富不同等，在人格上都是平等的。在人与人相处中，平等待人是建立良好人际关系的前提。没有平等待人的意识，就不能与周围的人密切相处。无论是家庭关系、工作关系、朋友关系还是上下级关系等，我们都应该做到平等待人。尤其是对于直接面对客户的员工来说，其一言一行都代表了企业的形象，更需要平等对待每一位客户，不能厚此薄彼。

斯蒂尔曾说："对一个有优越才能的人来说，懂得平等待人，是最伟大、最真正的品质。"这个社会不缺少有才能的人，但每个企业真正需要的是既有才能又拥有团队精神、懂得平等待人的人。平等对待别人，别人才能平等对待自己。只有把客户看成和自己、和其他人同等的人，平等相待，尊重对方的人格和利益，自觉承担应有的责任，才能走进对方的灵魂，才能赢得对方的好感和信任，才能和他们结成良好的关系。

在英国流传着这样一个故事：

有一天，英国维多利亚女王和她的丈夫吵架了。之后，丈夫独自回到卧室，闭门不出。维多利亚女王回卧室的时候，只好敲门。

"谁？"丈夫没好气地问。

"女王。"维多利亚女王傲气十足地回答。她本以为丈夫会打开门让她进去，却没想到里面既没有开门，也没有了任何声音。她只好再次敲门。

“谁？”丈夫显然有些不耐烦了。

“维多利亚。”维多利亚女王回答道。然而，她依然没有听到开门的声音，只好再次敲门。

“谁？”丈夫再次问道。

这一次，维多利亚女王像小女人一般，温柔地回答道：“你的妻子。”

门开了。

对于这个故事，有很多种解读。但是，如果把丈夫当成客户，女王当成员工的话，我们就可以看出：学会平等待人，就没有打不开的门，解不开的结。

美国曾做过一项关于消费者的调查，结果显示，有68%的客户不再上门的原因是服务人员对他们的态度不佳。在企业中，无论直接面对客户的是普通员工，还是管理者，他都代表了企业这个大团队，只有摆正企业和客户之间的关系，重视企业的声誉，平等对待每一个上门的客户，企业的前景才能辉煌起来。

对于企业来说，无论多么小的客户，他都应该受到和大客户同等的待遇。无论是小客户还是大客户都一视同仁，是企业发展的基础。往往越小的客户对企业员工待他的态度越是敏感。对这些客户我们应该同样尊重他们，而不能有丝毫的怠慢和轻视。当所有的客户都得到公平待遇，大家对企业的品质就会相当信赖，就会有更多的客户上门。

在耶路撒冷，有一个叫罗斯恰尔斯的犹太人开了一家名为“芬克斯”的酒吧，以服务态度好而出名。它甚至连续3年被美国《新闻周刊》杂志选入世界最佳酒吧的前15名之内。在美国国务卿基辛格任职期间，曾慕名想去“芬克斯”酒吧消遣。

基辛格亲自打电话到酒吧预约，而接电话的也恰好是“芬克斯”酒吧的老板罗斯恰尔斯。他非常客气地接受了基辛格的预约，既没有怠慢也没有表现出特别的惊喜。但是，基辛格却要求罗斯恰尔斯在他光临的时候能拒绝其他顾客。

基辛格将要光临酒吧，这对于一般老板来说，是求之不得的事。然而，罗斯恰尔斯却拒绝了基辛格的要求。他客气地说：“您能光顾本店，我感到非常荣幸。但如果因此而谢绝其他客人，恐怕我很难做到。他们都是本店的老顾客，和您一样，都支持过本店的生意。如果因为您的来临而将他们拒之门外，无论如何我都做不到。”

从罗斯恰尔斯对基辛格“拒绝其他顾客”的要求的反应，我们就已经知道“芬克斯”酒吧能够闻名遐迩的原因：对待每一个客户都有一颗平等的心。

很多人在对待客户的态度上都有看客下菜碟的做法，严重违背了对客户要一视同仁的平等原则。企业要想发展，就不能只依靠那些能够带来高效益的大客户，毕竟这样的客户是有限的。而且大客户需要企业花费更多的人力、物力去维持，成本相对于小客户来说要大得多。所以，不管是大客户还是小客户，都要一视同仁、平等相待，不能厚此薄彼。

团队的业绩要靠整个团队所有成员的努力而获得。如果企业中的所有员工都能做到平等对待客户，和每一个客户的关系都处理得相当融洽、和谐，对于提升企业的业绩将会有很大的帮助。无论企业的产品多么好，都需要客户的支持。如果客户因为受到不平等待遇而对企业的员工甚至是企业整体产生厌烦情绪，他就绝不会购买这家企业的产品，无论他多么需要。如果客户因为企业员工能够平等对待每一个客户而对企业产生信赖，即使企业的产品不是最好的，他也会考虑购买。这就是现代人的消费心理：服务态度远比产品本身更加重要。

不过，我们这里所说的平等是指在心理上、态度上要平等地对待每一位客户，而在维护客户关系的策略上还是要有所差异的。我们要针对客户的背景、个性、知识水平以及消费水平的不同来制订不同的销售策略和引导销售的方案，同时要针对客户的心理需求不同来提供不同的服务。这对于为客户提供最优秀服务来说还是很有必要的。

理智对待客户的责难与抱怨

任何人听到别人毫无理由的指责和喋喋不休的抱怨，都绝非是一件快乐的事。尤其是对于员工来说，甚至一听到客户的责难和抱怨便头疼不已，有的人会以一种厌烦的心态来对待，甚至充耳不闻或者敷衍了事。

其实，有期望才会产生抱怨。我们经常发现，面对同样不满意的产品和服务，有些客户可能只是一笑了之、自认倒霉，而有些客户却会吹毛求疵地提出责难和抱怨，并期望得到补偿。可见，当客户对一家企业的产品或服务进行责难和抱怨的时候，说明他对这家企业有某种期待和信赖，希望它能发展得更好。所以，一个优秀的员工，往往会对客户的责难和抱怨抱着“客户永远都是对的”这种观念去对待，从而理智、冷静地找出有针对性的解决方法，以改进企业的产品和服务。

客户的责难和抱怨从一定程度上反映出了客户对企业的信赖。任何一家企业，即使经营水平再高，也无法避免客户的责难和抱怨。既然是不可避免的，企业的员工就必须采取有效的方式、方法来处理客户的责难和抱怨。如果对其中一个客户的责难和抱怨置之不理，就可能会带来更多客户的责难和抱怨。重视客户的需求，有效地预防、及时地处理客户的责难和抱怨，是整个团队的任务，是每一个员工义不容辞的责任。

企业是一个大家庭，一个大团队。为客户提供产品和服务并不是由某一个部门或者某一个人来完成的，而是需要所有员工的共同努力。客户在对企业的产品和服务有意见的时候，可能不会想到找某一个专门处理这件事的部门或者负责人，而是抓住这家企业中的任何一个人就开始倾诉，要求解决问题。

这绝不是客户故意在找麻烦，因为他们并不清楚企业内部组织结构是怎样的。但是，对于员工来说，此刻的一言一行都将影响到企业在这个客户心目中的形象以及在整个客户群中的口碑。所以，即使我们并不是负责这件事的人，也绝对不能推卸责任说："这不归我管"、"这不关我的事"，更不能教训客户，与其争辩是谁的责任问题。作为企业的一员，企业的任何事都是我们的事！我们应该理智地和客户一起及时、妥善地找出解决问题的办法，维护好企业在客户心目中的形象。

优秀的员工都非常明白，一旦让客户产生丝毫不快的感觉，要想再让他们购买自己的产品或者满意自己的服务就会非常困难。所以，我们在面临客户的责难和抱怨的时候，绝对不能和客户争论谁对谁错的问题，而是巧妙地将话题转移，使沟通向有利于自己的方向发展。

杨丽是我们公司的一位培训师。一次，杨丽到某个知名品牌的化妆品专卖店购买眼霜，谁知她经常使用的那一款眼霜卖完了，她非常沮丧。这时，售货员便向她推荐这个品牌的另一款眼部护理产品，因为要急用，她没有仔细看说明就买下了。

等杨丽回到家仔细看过说明书之后，才发现这款眼部护理产品只有预防功能，却没有改善功能，于是，她决定去该家化妆品专卖店退货。

售货员了解了杨丽的来意之后，立刻收起了脸上的笑容，冷淡地说："小姐，您以为买什么都能退吗？"

杨丽丈二和尚摸不着头脑，不解地问："什么意思？"

售货员看了杨丽一眼，不屑一顾地说："国家有规定，化妆品和食品售出后如无严重过敏问题，是不能退还的，你不知道吗？"

杨丽吃了一惊，想不到如此著名的化妆品品牌的售后服务居然这么差！她气不打一处来："你什么态度！我今天就要退，怎么着吧？"接着，一连串讽刺、抱怨的话就冲出了口。谁知那位售货员在杨丽说话的时候，一直不时地从鼻腔发音说："哦，哦，我不对。"这更让杨丽恼火，最后她实在忍无可忍，干脆货也不退了，扭头便走，发誓再也不买这个品牌的任何产品！

杨丽回去之后，不停地和身边的同事、朋友讲述这次的经历，并劝她们也不要买这个品牌的化妆品，服务实在太差了。本来我们公司很多女员工都是用这个品牌的化妆品，结果在杨丽的影响下，也都不再购买。

这本来是一件很容易就能处理好的抱怨事件，由于这位售货员没有很好地处理而导致抱怨升级。假如这位售货员能够及时认识到自己的错误，在杨丽开始抱怨的时候能够诚恳地道歉，并耐心倾听，这对杨丽来说将是极大的心理安慰，也就不会有后来的抱怨扩大化，导致这个品牌的化妆品因为这样一件小事而失去一群忠诚的客户。

作为企业的一员，我们必须牢记：一个客户的抱怨可以影响到一大片客户。因为他以亲身经历作为背景的评价比任何广告宣传都更具权威性。有人曾做过调查，发现如果企业将客户的抱怨处理得好，就会有70%的客户仍会继续选择他们的产品；如果能在24小时之内尽快解决，则会有95%的客户再上门。

在面对客户的责难和抱怨时，我们不仅要耐心倾听，而且态度要真诚，这是消除客户怨气最基本也是最重要的原则。在处理客户抱怨时，我们一定要迅速、有效、果断，以换取客户的信任。如果是在自己的权力范围内无法解决的，一定要立即反映给上级主管。即使客户的抱怨看起来非常微不足道，我们也必须慎重地去处理，因为每一个客户都值得我们认真对待！

企业可能无法保证客户对自己的产品和服务百分之百地满意，但必须保证当客户因不满意找到企业的时候，问题能够百分之百地得到妥善解决！

微笑是把万能的钥匙

俗话说，伸手不打笑脸人。在人际交往中，微笑是一把万能的钥匙，能打开每一个人的心灵，创造出和谐、融洽、互尊、互爱的良好氛围，在沟通和交流中起着润滑的作用，促使我们和别人之间建立密切的关系。

著名推销大师乔·吉拉德曾说："当你笑时，整个世界都在笑。一脸苦相没人理睬你。"不懂得利用微笑推销自己的人注定是要失败的。没有人愿意接受一个看起来冷漠、不易接近的人。成功的人往往是善于微笑、善于交际的人，成功的企业往往拥有一群善于微笑、善于交际的员工。

世界500强企业沃尔玛的创始人山姆·沃尔顿认为："我们要成为顾客最好的朋友，微笑着欢迎有心光顾本店的所有顾客，提供我们所能给予的帮助，不断改进服务，给予他们更好的服务，这种服务甚至超过了顾客原来的期望。"

对此，沃尔玛规定，员工要对3米以内的每一个顾客保持微笑，要认真回答顾客的每一个提问，永远不要说"不知道"。原则上来说，无论多么忙，当顾客提出问题时，都要放下手中的工作，亲自带领顾客找到他们需要的商品，而不是大概指给顾客一个模糊的方向就了事。

沃尔玛的成功离不开其员工的微笑以及为顾客提供的完善服

务。微笑作为一种表情，它不仅仅是一个人外在形象的表现，往往也反映着人的心理状态。一个积极乐观、待人友善的人，一个对本职工作充满热情的人，一个对企业充满感恩与热爱之情的人，总是微笑着面对客户，让客户倍感亲切和温暖。

尤其是初次见面的人，一个微笑就可以解除精神和肉体上的紧张，给人以亲切自然的感觉。微笑是一种无声的语言，它表示了友善、亲切、礼貌和关怀，不但能使自己从内心产生快乐的情绪，而且能够感染身边的人，使大家都处于一种愉悦、轻松的氛围中。

在人与人交往中，微笑往往能够弥补语言无法表达的含义，增强交际效果。如微笑着向别人道歉，更容易消除对方的不满情绪；微笑着和别人打招呼，更显得亲切、容易亲近；微笑着接受批评，更能显示自己承认错误的诚恳；微笑着拒绝别人，显得更加委婉，不会使人感到难堪……微笑是最容易感染别人、也最容易拉近彼此距离的万能钥匙。

美国希尔顿旅馆刚开始只是一家名不见经传的小旅馆，如今却是遍及世界五大洲，拥有70多家豪华宾馆的跨国集团企业。对于希尔顿旅馆的成功，前董事长康纳·希尔顿如此说："如果缺少服务员的美好微笑，好比花园里失去了春日的太阳和风。假若我是顾客，我宁愿住进那虽然只有残旧地毯，却处处见到微笑的旅馆，而不愿走进第一流的设备而见不到微笑的地方。"他经常这样问自己的员工："你今天对顾客微笑了没有？"以此提醒员工在面对顾客的时候要保持微笑。

他曾这样对员工说："无论旅馆本身遭遇的困难如何，希尔顿旅馆服务员脸上的微笑永远是属于旅客的阳光。"在他的要求和监督下，希尔顿旅馆的所有员工在为顾客提供服务的时候都是面带微笑。也正是有了这种微笑，在1930年美国经济萧条时期，在整个美国的旅馆倒闭了80%的情况下，希尔顿旅馆却跨入了黄金时代，快速发展成为闻名全球的旅馆。

客户是企业发展的根基。如果一个企业的所有员工都能用微笑面对客户，它必将获得更好的发展。这就是希尔顿旅馆的快速发展告诉我们的真理。

或许有些人认为，既然微笑如此重要，那么我就每天带着微笑好了，也不管心情如何，也不管对象如何，只要嘴角歪一歪，那也算是微笑了。其实，这种“皮笑肉不笑”、伪装出来的微笑不但不能为我们带来更好的人际关系，反而会导致我们失去别人的信任。

古人曾对微笑做了这样的解释：因喜悦而开颜。可见，微笑是一种特殊的情绪语言，它必须建立在喜悦的情绪之上，必须是发自内心的。如果员工在工作岗位上能够把客户当作自己的家人，就会很自然地向他发出会心的微笑。这种微笑不需要别人命令强迫，而是作为一个有修养、有礼貌的人自觉自愿发出的。也只有这种微笑，才是客户真正需要和欣赏的笑，才是能够打开客户心灵的笑。

人生在世，难免会有烦恼。员工同样会遇到各种各样的烦恼，难免会有心情不愉快的时候。这时，如果再强求自己对客户满脸微笑，恐怕效果只能是“比哭还难看”。可是，作为员工，为了企业整体的利益，不但不能把自己的情绪发泄在客户身上，还要为客户提供满意的服务。这就要求员工必须学会分解和淡化烦恼与不快，在工作中时刻保持一种轻松的情绪，用微笑把快乐传递给客户。如果是因为客户出言不逊、胡搅蛮缠而引发的不快，员工同样不能不高兴甚至发脾气，要以宽阔的胸怀来理解客户的刁难往往意味着他对我们的产品感兴趣，有购买的意愿，并且用微笑表达对客户的理解与体谅，从而化解矛盾。

在与客户交往中，微笑并不仅仅是一种表情，更重要的是与客户感情上的沟通。一个只会一味地微笑，却对客户内心的需求不闻不问的人，同样不能取得客户的信任，更不能赢得客户的忠诚。所以，微笑的关键在于员工要在感情上把客户当成家人，与他们同欢喜、共忧伤。只有这样，微笑才能真正成为一把万能的钥匙，为我们打开每一个客户的心灵！

以爱人的态度对待客户

以企业为家的优秀员工，对于客户或者潜在客户，总是会站在客户的角度结合本企业的利益，以爱人的态度对待客户，最终达到双方的共赢，达成合作。

很多企业的口号都是：客户就是上帝。事实上，这种把客户当成上帝的做法无形之中就在客户和企业之间建立了一种不平等的关系，是很难长久维持的。随着市场竞争越来越激烈，客户对企业的要求已经不仅局限于生理上的满足，更希望得到独一无二、与众不同的精神上的享受。以爱人的态度对待客户，用真心去付出，像对待约会一样对待每一次服务，在服务中为客户创造意料之外的独特体验，才能赢得客户的高度认可。

其实，企业和客户之间的关系更像是夫妻关系，需要彼此平等地付出感情，并且要用心经营，要终生服务。通常在婚姻关系建立的初期，双方都会感到幸福、甜蜜。但过了几年之后，这种关系就开始“痒”，夫妻双方由于对彼此失去最初的激情，就开始出现一些抱怨、不满，有的甚至开始觉得选择对方是一个错误，从而向外寻找新的感情等。同样，当企业和客户刚刚建立关系的时候，双方对彼此都会充满新鲜感，关系也较为密切。但是，如果我们不去检查、反省、提高，服务永远处于停滞状态，没有创新，客户就会像爱人一样开始有抱怨、不满，怀疑自己最初的选择，并且开始考虑重新选择。

所以，客户就像爱人一样，如果我们为客户提供的服务一成不变，内容和形式也几乎没有差异，更不能为客户带来新的利益增长点，就很难让客户与你建立具有高度忠诚度的关系。一旦遇到某些地方优于我们的竞争对手，客户就很难禁得住诱惑，会投入他人的怀抱。这时，即使客户不离开你，我们也会发现客户对我们的付出已经大不如前，客户的价值也开始逐渐减少。

我们公司的一位培训师曾讲了这样一个事例：

这位培训师因为工作关系经常要在各地住各种酒店，曾有幸享受到一家酒店以爱人的态度对待顾客的服务。

当他住进那家酒店，无论是卫生还是服务都让他感到很满意。但是，晚上睡觉的时候，他却发现酒店提供的是一个大大的羽绒枕头。由于他的颈椎不太好，所以习惯枕较低的枕头睡觉。没办法，他只好把浴巾叠起来当作枕头枕着睡觉。第二天，客房服务员在打扫房间的时候，发现羽绒枕头被放在一边，而床上却放了一个叠好的浴巾，就猜想这位顾客晚上可能是枕着浴巾睡觉的。服务员把这件事汇报给了领班，引起了酒店的重视。经过商量，他们决定为客人换枕头。服务员不厌其烦地和其他楼层联系、磋商，最后挑选了两个比较柔软的木棉枕头摆放在房间内。等培训师忙完一天回到酒店时，服务员就主动向他征询木棉枕头是否适合，他感觉像回到家被贴心的爱人照顾一般，心里非常高兴。

不仅如此，由于这家酒店浴室的电压太小，带不动他带到酒店的那种吹风机，他以为是吹风机坏了就直接扔掉，并且重新买了一个。谁知他回到酒店之后却发现扔掉的吹风机被人擦洗一新放在了写字台上。他虽然有些纳闷，却并没有放在心上。不过，他在使用新的吹风机的时候，遇到了同样的问题，他就叫来了服务员问浴室的电源是不是坏了。服务员仔细检查了之后，说明了情况，并建议他使用卧室里的电源。并进一步解释说：“昨天您扔掉的吹风机我已经试过了，是好的。现在看来，这是一个误会。我已经把它擦洗干净放在写字台上了。”培训师恍然大悟并且对于酒店如此用心的服务感到十分满意。

这两名普通的服务员能够以爱人的态度对待客人，把自己的一份真心融入服务之中，在细节处表现出对客人的关心，使客人随时都能感受到家一般的温馨，这是服务的最高境界，也是赢得客户忠诚度的最好办法。

以爱人的态度对待客户首先要求员工要有一颗爱心，全身心地投入到自己的工作中，这样才会像对待爱人一样处处有心，时时用心，事事关心。如果员工不具备这份爱心，那么无论服务多么周到，所表现出来的都只是企业和客户之间的利益关系，也就谈不上拉近客户与企业之间的距离，赢得客户的“芳心”。

人人都希望得到独一无二的重视，即使是老夫老妻之间也需要经常制造一些惊喜来调节气氛，增进感情。同样，企业和客户之间也需要这样的惊喜。多收集客户的生日、对客户来说很重要的纪念日等信息，在第一时间献上我们的问候和祝福，让客户感受到我们的真诚与关爱，往往能够起到意想不到的效果。

夫妻之间，光有心是远远不够的。如果不了解对方的心理，有时候好心反而会办了坏事。所以，以爱人的态度对待客户还要求员工要用心揣摩客户的心理，在和客户交往的过程中，察言观色，细心了解客户的个性需求。当员工把客户当成爱人一样发自内心地去关爱，往往能够从他的一个眼神、一个手势中发现客户的隐性需求，并且尽量满足客户的需求。

以爱人的态度对待客户，急客户之所急，想客户之所想，甚至为客户的经营发展出谋划策，切实成为客户最信赖的伙伴，将会为我们赢得最忠诚的关系！

第十章　营造家的氛围，凝聚人的力量

企业要想留住人才，形成强大的凝聚力，就必须懂得感情投资，让员工把企业当成自己的家，把工作当成自己的事业！每个员工都需要来自企业的关爱，员工也只有从企业的温暖中才能提升自我的满意度。营造一个家一般温暖和关爱的企业氛围，是给予员工良好的工作环境，给予员工足够的工作支持，使员工安心工作、忠诚企业的重要前提。

投入真挚的情感关怀，像关爱家人一样关心员工

人与人之间建立亲密关系的基础和纽带就是情感。即使在家人之间，父母子女、兄弟姐妹以及夫妻之间，如果缺乏真挚情感的投入，也会出现各种各样的问题。在企业团队中，管理者和员工之间、员工和员工之间，要想建立牢不可破的合作关系，更需要投入真挚的情感关怀，像关爱家人一样去关心他人，给他人带来心灵上的安慰和温暖。

以色列海法大学曾做了一项关于员工的研究。他们在一个企业中随机选取了241名员工，对每个人的工作状态、健康状态以及心理压力等情况进行评估，并且随访每个人的心理状态。结果发现，当员工承受较大工作压力，出现焦虑、紧张等情绪，身体出现头痛、胃痛等健康状况，或者遇到家庭问题等生活压力时，和一般的亲友的安慰相比，来自同事、上级领导等工作伙伴的安慰效果反而更好。

现代人的工作以及生活压力越来越大，人人都有不如意的时候，都有需要别人帮助、安慰的时候。虽然同事之间存在着彼此竞争的关系，但作为同一个企业的一员，而且朝夕相处，非常熟悉彼此的做事习惯、性格特点等，在倾诉和安慰的时候，也就更容易走入对方的心灵。同事之间建立这种相互帮助、相互信任的默契关系，往往更有利于工作的开展，从而增强团队的凝聚力，提升团队的业绩。

在企业这个大家庭中，大家既是同事，也是家人。当身边的同事有情绪、有压力的时候，应即时给予安慰和鼓励，拉他一把，帮

助他积极地面对生活，增强信心。这份关心影响的不仅仅是我们所关心的那个同事，还会感染团队中的其他人，在团队中营造一种互帮互爱的家庭氛围。

美国著名的管理学家托马斯·彼得斯曾大声疾呼："你怎么能一边歧视和贬低员工，一边又期待他们去关心质量和不断提高产品品质！"企业只有真正把员工当成自己的家人，当成自己的伙伴，真正地关心他们、帮助他们，员工才能更加热爱企业，激发工作热情，对企业负责，才能降低企业成本，为企业的发展贡献更多的力量。

斯特松公司是美国最老的制帽企业之一。1987年，公司一度陷入巨大的危机，当时情况非常糟糕，不仅生产出现了问题，产量低、品质差，而且劳资关系极度紧张。于是，公司邀请当时较为有名的管理顾问薛尔曼参与调查。

经过一段时间的调查，薛尔曼发现斯特松公司的员工不仅对管理层缺乏信任，而且员工彼此之间同样缺乏信任，从而导致公司整个团队没有凝聚力，公司内部的沟通渠道几乎全然堵塞。尤其是基层管理人员，对员工缺乏关爱、随意辱骂，导致员工对他们极度不满。

了解到问题所在之后，薛尔曼开始针对这些问题实施一套全面的改革措施，再加上一些有觉悟的管理层的支持，通过有效疏通公司内部的沟通渠道，逐渐增强了员工对管理层的信心。4个月之后，员工对管理层的抱怨、指责明显减少。同时，员工之间也开始建立彼此信任、相互帮助的密切关系，团队精神明显提升，生产能力显著提高。

在感恩节前夕，薛尔曼和公司的最高管理者亲手赠送火鸡给每一个员工，这种行为使员工感受到家一般的温暖。第二天，他们就收到员工回赠的像一张报纸那么大的签名感谢卡，上面写着：谢谢把我们当人看。

人与人之间的关系是相互的，我们尊重他，他就尊重我们；我们关心他，他就关心我们。斯特松公司出现的问题就在于管理者自身就没有把企业当成家，没有把员工当成家人，使企业内部缺乏家的氛围，导致员工之间也缺乏家人一般的关爱。在薛尔曼的改革之下，员工体会到了被尊重、被关爱的感觉，并且愿意把这种感觉相互传递，在企业中营造出了一种家的氛围，提升了员工的团队精神，增强了团队凝聚力。

随着企业结构的日趋扁平化，现代企业的高绩效主要来自于员工的主动进取。每一个员工都是企业的一员，都能为企业的发展出一份力。就像在一个家庭中，每一个家庭成员都是这个家庭中重要的一分子。如果有人遇到了困难，无论他平常是怎样一个人，表现如何，是否为家庭作出过贡献，家庭中的其他人都会想尽一切办法帮助他。同样，企业中的任何一个员工需要帮助，大家都应该伸出援助之手，而不应该考虑他为人如何，能力如何，业绩如何，地位如何，等等。我们的举手之劳或许就是员工的救命绳索，这份恩情和感动将会激发员工对企业的忠诚、对同事的信赖、对工作的热情，架起员工与企业、团队、同事之间的情感桥梁。团队中一旦形成这种氛围，就会大大提升凝聚力和战斗力，进而提升企业的业绩。

团队形成的关键在于人。现在很多成功人士的成功秘诀就是以自我为中心，组建庞大的社会关系网，形成一个强大的团队。这种关系网的建立可以是“校友”、“同学”，也可以是“同事”、“朋友”。其实，企业同样具有这种资源。企业这个大家庭不仅包括在职员工，还包括离职员工。在一个家庭中，如果有人远离家乡到外地谋生，就能说他不再是这个家庭的一员了吗？当然不能。同样，曾经在企业中工作过的离职员工也是企业的一员，如果企业能够对他们投入真挚的情感，像家人一样和他们保持密切的联系，他们将会成为企业潜在的客户，无疑会形成一大笔宝贵的资源。

所以，无论是个人还是团队，都应该注重感情投资，利用人的力量来提升自身实力，踏上更顺畅的成功之路。

把员工当作自己的家人一样培养

人才是企业最需要的资源，最优质的财富。企业发展创新、建立一流的产品和服务依靠的必然是一流的人才。所以才有人发出这样的感叹："21世纪什么最贵？人才！"很多企业煞费苦心到处招揽人才，结果也只是空手而归。

企业希望拥有好员工，这是每个企业老板都想要的结果。但是，如何才能让普通员工变得优秀，成为企业真正需要的人才呢？这就需要企业用心地培养、栽培。但是，现在大多数企业都只想要结果，只想着从别的企业"挖"人才，却不愿意自己培养，结果导致人才越来越少，人才的忠诚度也越来越低。

优秀的团队管理者相信，人才不是靠"挖"过来的，而是靠培养出来的，真正的人才往往产生在善于培养人才的团队中。出类拔萃的人才并不是天生的，他需要良好的成长环境和优秀的成长平台。即使一个人能力再强、品格再好，如果企业不重视他，不培养他，不栽培他，那么他在这个企业中也只能是一个平庸的人。所以，一个企业缺乏人才绝对不是员工的问题，而是企业缺少发现人才的"眼睛"，没有造就人才的气度！

清香阁大连海鲜是我服务的一家海鲜餐饮企业，它们的海鲜是我见过的最有特色的一家，在北京有多家分店，将近1000名员工。企业本身经营得很好，但是在不断壮大的过程中企业出现了一些问题，第一，人员流动性很大；第二，团队绩效不明确；第三，员工积极性差。这是阻碍企业发展的最明显的几个问题。

后来他们请我做他们的顾问，当我了解了这些情况后，通过调研后，我觉得最根本的问题首先是解决人的问题，这也是我做顾问一贯的手法。任何事情执行不到位一定是人的心态问题。于是我先对所有员工进行了一次心态培训，当员工发现自己可以在自己岗位上创业的时候，我又给他们开始建立会议导入模式，目的是通过会议模式的建立让每个部门之间建立信赖感，同时让每个人保持良好的激情，并养成一种习惯，使每个人都保持很好的状态。当这些具备以后，又开始给他们制定绩效考核体系，而且一定要做到循序渐进，一步一步地导入，使员工对制定的很多指标都乐意接受。当出现问题的时候员工都会先找出自己的原因。

现在，清香阁的内在核心竞争力得到了提升，加上良好的用餐环境和菜品的特色，甚至很多人纷纷找到这家企业要求加盟。通过这个案例我要告诉大家，要想真正改变企业现状，首先员工心态是第一位的，团队的凝聚力是企业发展真正的核心竞争力。

在一个家庭中，父母为了让子女成长得更快、更出色，往往会有意识地为子女提供一些锻炼的机会，授权他们独立处理一些问题。相反，那些不敢放手让子女自己去做一些事的家庭，往往很难培养出优秀的人才。对于企业这个大家庭来说，要想拥有优秀的人才，同样需要企业的管理者有培养人才的理念和意识，也只有这样，企业才能因员工而进步，因人才而发展。

人才就像是企业赖以生存的“血液”，如果企业自身没有“造血”功能，而只想通过外界的“输血”来生存，那么这家企业将会很难生存发展！相反，如果一家企业自身拥有强大的“造血”能力，那么即使他向外界输一点血，也不会对自身有太大的影响。这样的企业必然能够做大做强。

松下集团的创始人松下幸之助对于人才培养非常重视。他在企业中坚持实施人才培养的理念：“如果没有好的员工，我们也就无法生产出好的产品”、“松下电器公司是制造人才的地方，兼而制造电气器具”。这些理念促使松下集团内部所有人都把人才培养上升到企业生存的高度，并且把这种高度纳入企业运行管理的每一个环节。

在松下集团，凡是新入职的员工，都必须经历8个月的实习培训，然后才能分配到相应的工作岗位上。员工工作一段时间之后，如果感觉工作岗位和自身能力不相符，可以主动向人事部门申请调动和升迁。经过公司考核合格之后就可以满足员工的要求。同时，松下集团还为员工提供多种学习的机会，包括公司内部培养机构的教育培训以及海外留学等。正是这种优秀的人才培养机制造就了松下集团的优秀人才，生产出更加优秀的产品，提供更加出色的服务，从而推动松下集团成为世界著名的电器企业。

或许有人会说，松下集团那么大的企业当然有更多的时间、精力和金钱培养员工，我们企业太小，根本不可能花那么多时间、精力和金钱在培养员工上。其实，这是极大的错误！松下集团之所以能够做大，有今天这样的成就，正是因为他们培养出了大批的人才，为企业的发展贡献力量。如果因为企业太小而不重视人才培养，那么企业就永远也不可能做大！

还有一些企业担心自已费尽心力培养的人才一旦离职就会给企业带来重大损失。对于企业来说，人才培养的确存在较大的成本风险，但是如果不能解决人才的问题，企业将会面临更大风险。在任何时代，企业和企业之间的竞争，归根结底都是人才的竞争。谁拥有培养人才的“造血”能力，谁就拥有了持续的竞争力和生命力。

所以，企业要想做大做强，就必须把人才培养理念上升到一定的高度，把员工当作家人一样去培养。一个能够比别的企业更高效地培养人才的企业，必然能够为每一个员工提供最好的发展平台，从而赢得员工的忠诚，提高企业这个大家庭的凝聚力！

量才而用，让合适的人做合适的事

中国传统文化中形成了“男主外，女主内”的家庭模式，虽然现在很多家庭已经打破了这种模式，甚至出现“男主内，女主外”的情况，但依然体现出在一个家庭中每个人的分工很重要。无论是“男主外，女主内”还是“男主内，女主外”都是根据每个人的优势和特长，让合适的人做合适的事，从而充分发挥每个人的能力，提升家庭的生活水平。假如说，在一个家庭中，丈夫并不适合职场生活，屡屡受挫，却喜欢做饭、洗衣服这些琐碎家事，而妻子却在职场中如鱼得水、风生水起，却根本不会做饭。这时，如果坚持要求妻子留在家中打理家务，丈夫到职场拼杀，赚钱养家，无疑是资源浪费，这个家庭的生活品质也可想而知。

企业就像是一个大家庭，每个人都有属于自己的分工。如果员工所从事的工作并不是自己所擅长的，甚至是劣势所在，那么他就无法发挥出自己的能力水平，更不能安心在企业中工作。

《孙子兵法》中说：“故善战者，求之于势，不责于人，故能择人而任势。”意思是说，优秀的将帅善于捕捉时机，并且善于根据时机需要选择合适的人才，形成有利的形势。纵观古今，凡是没有做到量才而用，把不合适的人放在重要的位置的领导都付出了沉重的代价。例如，赵王因用错了赵括而导致国家衰弱，诸葛亮因用错了马谡而痛失街亭，以致北伐大业前功尽弃。

在现代企业中，阿里巴巴在发展过程中同样犯过人才上的失误。一些来自世界500强大企业的管理人员在加盟阿里巴巴之后，企业却无法给他们安排合适的职位，结果他们因“水土不服”，无法为阿里巴巴带来预期的效果。阿里巴巴的创始人马云为此曾发出这样的感慨：“就好比把飞机的引擎装在了拖拉机上，最终还是飞不起来一样，我们在初期确实犯了这样的错。那些职业经理人管理水平确实很高，但是不合适。”可见，如果员工的能力不能和职位匹配，即使是天才，也难以发挥他应有的战斗力。

对于企业来说，团队工作是个协作的过程，不同的职位有不同的能力要求。如果企业一味地追求高能力人才，结果却无法给他们提供最能发挥他们能力的职位，对团队是资源的浪费，对个人则是生命的浪费。

被称为“商界教皇”的汤姆·彼得斯指出：“雇用合适的员工是任何公司所能做的最重要的决定。”企业要想获得快速发展，必须懂得根据企业的实际需要寻找最合适的人，并把他安排在最适合他的岗位上。相反，如果我们把人才放错了地方，我们就别指望他们能把该做的事情做好。

著名的汽车大王帕尔柏为了开拓公司的汽车代理业务，曾聘请了一位大汽车制造公司的管理人员担任营销主管，负责汽车的营销业务。然而，这位新上任的营销主管来自于汽车生产企业，习惯于汽车生产管理，他甚至能说出汽车所有零部件的名称以及从哪里可以买到它们。但是，他对汽车的销售、销售人员的管理、如何控制不必要的销售费用以及如何制定营销策略等知识却一窍不通，更不懂得如何与汽车生产厂家谈判以抓到畅销车的货源。最终，他没有做到帕尔柏希望他做的事，不但没能提升企业的营销业绩，甚至失去了一些原有的销售渠道。

后来，帕尔柏又聘请了一位在营销方面有特长的人才，他不但十分了解汽车的行情，对营销也有自己独特的见解，而且在营销费用核算方面也十分擅长。他的能力在营销主管的岗位上获得了充分的发挥，同时也使企业的业绩蒸蒸日上。

一个人能力再强，如果不能发挥出来，那么就是一种浪费。企业所需的人才有时就像机器上的零部件一样，必须十分合适，否则就无法满足企业正常运转的需要。

那些最终失败的团队往往都是因为他们不懂得如何让合适的人做合适的事。相反，一个善于用人、善于安排工作的团队管理者往往对每个团队成员的特长和优势都了解得很清楚，也尽力做到把他们安排在最恰当的位置上，让他们各尽其能。

美国第一代钢铁大王安德鲁·卡内基曾经亲自预先写好自己的墓志铭："长眠于此地的人懂得在他的事业过程中起用比他自己更优秀的人。"

他在总结自己的成功经验时，不断地强调善于识人、用人这一点。事实上，作为钢铁企业的掌舵人，卡内基对于冶金技术一窍不通。但是，他总能找到精通冶金工业技术、擅长发明创造的人才为他工作，并且把他们安排在最合适的职位上。

卡内基曾说过："即使将我所有的工厂、设备、市场、资金全部夺去，但只要保留我的技术人员和组织人员，4年之后，我将仍然是'钢铁大王'。"之所以有这样的自信，完全是因为他能够有效发挥人才的价值，让合适的人做合适的事。

团队的成功需要所有团队成员忠于职守、各尽其能。所以，一个优秀的团队领导首要的条件就是要有鉴别人才的眼光，能够识别出团队成员的优点，并且把他安排在团队中最合适的位置上，让他充分发挥出自己的优势，为团队的发展作贡献。

人无完人，每个人都有自己的优缺点，量才而用、用其所长是对优秀的团队领导最基本的要求。如果团队领导总是盯着团队成员的短处不放，求全责备，恐怕就很难找到适合自己团队工作的人才。其实，只要这个人的长处适合某个职位，团队领导就可以放心让他去做自己擅长的事情，扬长避短。这样不但减少了劳动力的浪费，也有助于提升团队成员的自豪感和自信心，快速提高工作效率，从而保证团队健康快速地发展。

让团队成员拥有广泛的参与性

团队的建设和发展并不是某个人的事，而是团队所有成员的事情。每个团队成员都有责任和义务为团队的建设和发展献策献力，积极参与其中，各尽所能，各展所长，贡献出自己的一份力量。只有这样，才能使团队顺利发展。

管理专家安德鲁·杰克逊曾说：“全员管理这种做法对员工来说无疑产生了强大的凝聚力。它使员工从内心感到公司的盈亏与自身利益息息相关，公司繁荣昌盛就是自己的荣誉，分享成功使他们士气更加旺盛，而且也会激起他们奋起直追的感情。”让全体团队成员尽可能地发挥自己的才能，使他们真正参与到团队的整个事务中去，树立他们的主人翁意识，激发他们的工作热情，这个团队就会形成超强的战斗力。

有些团队领导者习惯独断专行，很少让团队成员参与到决策中来，而只要求他们无条件地执行。事实上，成功的团队领导者往往都主张重视团队的力量，充分调动每个团队成员的大脑共同思考决策，用多个大脑代替传统的一个人大脑思考的模式，必然能使团队变得更加“聪明”。而团队的目标和远景如果由团队全体成员共同商讨决定，就可以使所有的成员产生强烈的认同感、成就感。他们会在心里认定：这是“我们的”目标和远景。为了实现“我们的”目标和远景，他们会更加认真努力地工作！

联想集团的柳传志曾把联想集团解释为“一个人与他人相比，

比人家弱，合在一起就比较强”的企业。让团队中所有成员都积极参与到团队工作中来，是联想团队建设中由来已久的传统。

联想集团成立总裁办公室，把在各方面都极具可塑性的人才集中到总裁办中来。这些人中有些是业务精英，有些是管理精英。他们的任务就是在总裁需要决策某个项目之前首先对这个项目进行讨论，积极发表自己的看法，提出自己的建议，从而为总裁的决策提供参考。在柳传志看来，这些人将来极有可能会成为公司各个部门的主管。而通过总裁办的模式提前把大家集合在一起，就公司的各种举措和决策一同商议决定，将有助于融合他们的脾气秉性和价值观，有助于他们日后担任各部门主管时在企业各个团队之间和团队内部之间的有效沟通和团结合作，从而为联想集团搭建一个具有高度凝聚力的团队！

正是联想集团这种让团队成员广泛参与的优良传统，才使得它在市场竞争中快速成长壮大，发展成为极具竞争力的大企业。让团队成员广泛参与到团队工作中的各个方面，能够使他们更多地了解团队的发展，从而产生强烈的归属感，激发他们的工作积极性。

但是，要想让团队成员广泛参与，并不是一件容易的事。有的团队领导者心存顾虑，担心让团队成员参与决策会影响到自己的地位与威信，就利用各种严格的规章制度来约束员工的言行，束缚了团队成员的参与积极性。这不但影响到了团队成员的工作情绪，甚至对团队整体的业绩也产生了重要影响。

如果团队领导能够给团队成员一定的权力和机会，那么他就不必事事亲力亲为、劳心劳力。成功的团队领导会让每一位团队成员都明白自己在团队中所扮演的角色，承担的责任和任务，并且知道个人的行为对团队目标的达成会产生什么样的贡献。大家在分工共事的时候，彼此之间相互依赖、共同进退，使团队精神得到最大限度的体现，能够激发出团队成员的工作责任感和热情，使他们积极主动地完成团队既定的任务和目标。

一位著名的企业家说："一位有效率的经理人会在计划的构思阶段时，就让部属参与其事。我认为让员工参与对他们有直接影响的决策是很重要的，所以，我总是愿意冒时间损失的风险，如果你希望部属全然支持你，你就必须让他们参与，愈早愈好。"每个人都有被尊重、认可的心理需求。对于团队成员来说，团队领导鼓励其参与到团队的工作中就是对其最大的尊重和认可。"士为知己者死"，为了体现出自己的价值，获得更多的尊重和认可，他们会更加积极主动地献计献策，一得到机会就参与其中，为团队的发展贡献智慧和力量。

我的故乡在河北沧州，它是知名的杂技之乡、金丝小枣之乡、武术之乡。我经常跟我的团队讲，我也身怀绝技，就是海灯法师的绝技——一指禅。不同的是海灯法师的武功是伤人的，而我的一指禅是赞美人的。竖起我的大拇指对我的团队展现我对他们的赏识、赞美，这绝对是打开员工心灵的一把金钥匙。每一个员工都有自己的长处和优点，并且盼望别人尤其是管理者的肯定和赞赏。

对于管理者来说，不是员工缺少闪光点，而是缺乏发现精神。有的员工善于学习，有的又勤于思考；有的理论水平高，有的又实践操作技能强；有的手脚快产量高，有的心细手巧产品质量好。即便是那些在别人眼中表现差的员工，在他们身上也同样有很多闪光点。如，敢于说真话，敢于提意见，乐于助人为乐等，只要留心，就一定会找到赞赏的理由。

赞赏是一种极为有效的激励手段，它能够让员工找到自己的优点，积极发表自己的意见，进而主动地参与到团队的工作中来。

在成功的团队中，团队成员可以自由地与领导讨论工作上的任何问题，也可以在自己遇到困难的时候请求得到领导的帮助。即使大家意见不一致，甚至立场对立，也会以宽大包容的心胸心平气和地商讨最佳解决方案。如果结果并不能令自己满意，团队成员也会以团队利益为上，自觉遵守团队的决定，并严格执行。这种自由、开放、互助的团队氛围，有助于团队在决策时谋求更好的解决方案，为团队的发展寻找更好的途径。

让不同的人才广泛参与到团队的工作中，通过群策群力来实现团队的快速健康发展，已经逐步成为优秀团队的核心思想。所以，要想建立一个优秀的团队，获得更大的成功，就必须在团队中营造和谐、自由的氛围，积极鼓励团队成员参与到团队的工作中来。

拥有优秀的团队领导

一个优秀的团队，首先要有一个优秀的领导。每一个成功的企业背后，必然都站立着一个优秀的企业领袖。微软的背后是比尔·盖茨，苹果的背后是乔布斯，联想的背后是柳传志，海尔的背后是张瑞敏……从某种程度上我们可以说，正是这些优秀的企业领袖用自身的智慧和魅力，打造了这些优秀的企业。

一个优秀的领导者，具有较强的影响力，他不仅自己在前面带头，而且还能凭借其自身强大的个人魅力凝聚众多愿意围绕在他身边，和他一起共同为团队的发展而努力奋斗的精英人才。一个缺乏影响力的领导者绝对不是一个优秀的领导者。

《福布斯》杂志曾对马云做了如此形容：深凹的颧骨，扭曲的头发，淘气的露齿笑，一个1.5米高、100磅重的顽童模样的人。但就是这样一个人，却让很多人甘心跟随其后，为阿里巴巴的发展卖力。

阿里巴巴的管理层，绝对可以算得上超豪华阵容，这里聚集了来自16个国家和地区的网络精英，孙正义和前世贸组织总干事萨瑟兰是它的顾问。 尤为令人惊讶的是，创业5年，阿里巴巴从来没有人提出来要走，公司最初的18个创业者，现在一个都不少。别的公司出3倍的工资，员工也不动心。

这其中和阿里巴巴的发展或许不无关系，但更多的往往是因为马云的领袖魅力。18个创业者之一、如今已经是阿里巴巴副总裁的戴珊这样评价马云："无论什么时候看到他，你在他眼中看到的都是自信，和一定能赢的信心。你跟他在一起就充满了活力。”

而对于自己在阿里巴巴的贡献，真正让马云感到自豪的，是他在阿里巴巴创建的一种制度或者文化。他能够把每个雄心勃勃的创业伙伴都变成并非不可替代的经理人，并力图使他们为一个理想经冬历夏而不言悔。这就是马云的魅力所在！

我们几乎可以这样说，没有马云，就没有今天的阿里巴巴，无论投资者往里面投多少钱。马云不懂网络技术，但他却为自己的梦想招揽了一批优秀的人才，而且有足够的魅力让这些人死心塌地地跟随自己。他的魅力就在于他能够抓住成千上万观众的注意力，能激励众人去追求卓越、作出贡献。

一个企业要想成功，就必须要有一个凝聚力强大的团队，而这个团队的向心力所在就是团队领导的个人魅力和影响力。但是，如果仅仅依靠团队领导的个人魅力来凝聚团队的向心力，在短期内或许是有效的，从长远发展来看，却不是非常理智的做法。一个人的时间、精力毕竟是有限的，无论团队领导个人魅力多么强大，总有一天也会离开团队。此时，极有可能会出现原本非常团结的一个团队在失去“主心骨”之后，突然之间变成一盘散沙。

所以，一个优秀的团队领导除了要具有强大的个人魅力之外，还必须能够设立清晰、明确的团队目标。美国一本著名的书《100个最理想的雇主公司》中描述：“ IBM是一家拥有教会般信念和目标的企业，是一家由一群狂热的信仰者组成的公司。”的确是这样，“目标”能够激发出每个人的斗志，具有把团队成员的集体力量集合起来的“魔力”。“目标”对团队中不同个人行为的调节有效程度远远超过团队领导的个人魅力。如果没有“目标”做调节，无论团队领导能力多强，魅力多大，也必须通过无数次的会议、命令才能达到同样的效果。

世界著名的领导力权威沃伦·本尼斯曾说：“伟大的团队包含许多因素，但是首先是一小群人共享的一个强大的愿景。”当团队所有成员都围绕着团队目标和愿景来工作，而不是围绕某个人来工作的时候，这个团队的凝聚力是最稳定也是最持久的。

本尼斯认为，一个共享的愿景是人们感觉自己在做至关重要的事情，他们感觉自己在宇宙中留下印记。这种感觉可以具体描述为：尽管我们可能各不相同，但是我们是在一起做这个事情，而且我们是在做一些可能是改变生命、甚至是改变世界的事情。在这样的团队中，领导者的角色在很大程度上是创造一个舞台，团队成员可以在上面“做他们的事情”。

一个优秀的领导者必然是这样一个“造梦者”，用梦想为团队成员铺就一个华丽的舞台。他们善于制定并与团队成员分享美好的愿景，充分激发所有团队成员的参与感和积极性，让整个团队保持高昂的斗志和坚定的方向。

他们往往能够将团队成员所期待的未来远景，规划出具体的目标，着上鲜明的色彩，让大家可以“看得到”。在他的润饰之下，未来远景不再是一件微不足道的小事，而变成了一个大家共同拥有的并且经过努力可以实现的远大理想和目标。

团队共同远景唤起了团队成员的使命感，他们感到自己隶属于一个优秀的团队，这个团队承担着重要的历史责任。在共同愿景的激励之下，团队成员往往极具团队精神和敬业精神，自觉投入到工作中，乐于为团队奉献自我。因为工作对于他们来说，不再仅仅是谋生的手段，更是一种社会责任。他们在工作中充满了激情和乐趣，也从中体会到了自我价值的实现。共同愿景能改变团队和成员之间的关系，是从“我”向“我们”转变的关键。团队成员将会把彼此当作实现共同愿景的战友，同舟共济。

优秀的领导者是团队的标杆和希望。他不仅会凭借自己的个人魅力把全体成员紧密地凝聚在一起，而且会利用宏伟的共同愿景激发团队成员的士气，让所有团队成员跟随他高举旗帜，勇往直前！

永远与企业共进退

企业与个人的关系，就像家庭与家庭成员一样：家庭是我们生活的港湾，企业就是我们工作的靠山；家庭是我们成长的花园，企业就是我们发展的空间；家庭是我们幸福的宫殿，企业就是我们收获的田野。作为家庭的一员，无论家庭受到怎样的风雨都不能舍家而去。同样，作为企业的一名员工，也应该把给自己提供舞台和机会的企业当成家一样来爱护，和企业共进退。

英特尔总裁安迪·葛洛夫就曾对将要走进职场的学生们提出如此忠告："不管你们以后会在哪里工作，都不能把自己当成员工，而应该把企业看作是自己创业的舞台。那里有自己的事业生涯，是自己创造价值和实现自己价值的地方，那里是自己梦的开始。"安迪·葛洛夫一语道出了员工应当与企业共进退的重要意义。一个企业的全体员工如果能像爱护自己家一样地为企业奋斗、为之努力，那么企业与员工就能达成双赢的合作效果。只有在全体员工共同努力下，企业才能向更加美好的方向发展，员工才能在自己的工作领域有更好的发展空间，有更好的工作舞台。

国内某知名企业在每次进行新员工培训时，他们都会说："我们的企业是大家的，你到这里不是来打工，不是为了企业工作，也不是为了你的上司工作，而是为了你和你的家人的幸福在工作。"而该企业公司的工作理念也是：我是我人生的总经理。同样是强调了员工对工作、对公司应该持有积极主动的态度，要和企业共进退。

该公司在经济危机期间曾面临着破产的浩劫。公司经济出现了严重的问题，在外有大量贷款，但是经济萧条，销售状况日益停滞，直接导致了企业的资金周转不起来，甚至连员工工资都支付不起。所有的员工都在议论纷纷，有的甚至打算离开了。

就在最紧张的时刻，公司的一名普通工人站了出来，他诚恳地问大家："如果你们的家庭因为经济困难揭不开锅，你们会选择离开吗？"

"不会！"所有人都干脆地回答。

他笑着点了点头，继续说道："既然如此，现在像家一样给了我们工作平台，曾经为我们提供了生存保障的企业遇到了困难，我们能弃之不顾吗？我相信，只要我们大家和企业共进退，一起为企业的未来努力，就一定能够渡过这次难关！"

最终，他说服了大家都留下来和企业共进退。这家企业也因为所有员工的努力而顺利渡过了难关，获得了更好的发展。而当初那些留下来的员工也成了企业的元老，得到了很好的发展机会。

如果在企业遇到困难的时候，员工都唯恐避之不及，跳槽到别的企业，恐怕这家企业只能倒闭，而这家企业的员工因为没有和企业共进退的勇气和责任，在其他企业也将很难有好的发展。

当企业遇到困难和危机的时候，就甩手走人，这是对企业，也是对自己的极不负责任的表现。即便是侥幸地进入了一家更优秀的企业，要想得到企业的信任和老板的重用也是非常困难的。一个在企业遇到困难的时候就迅速离开的员工是很难有立足之地的。既然已经选择并安定于一家企业，就应该立志要成就一番事业。

在我们走进企业的那一刻，我们的命运就已经和企业紧密相连，我们就有责任、有义务与公司同呼吸、共命运，一同抵御风险，一同征服困难。所以，每一个员工都应该树立主人翁意识，和企业共进退，而不仅仅是一个受雇用的打工者。

现在的职场中，诱惑越来越多，职场人跳槽现象也越来越严重，公司稍有变化或者有了其他公司单方面的诱惑就会选择跳槽，然而到最后，不但什么好处都没能得到，甚至还影响了个人的职场发展。原因就在于没有与公司共同发展的态度和决心，从而导致公司一遇到一点困难就开始打退堂鼓。结果只能导致自己不断跳槽而失去在职场奋斗的信心。因此，不论出于职业道德，还是出于自身的职业发展前途的原因，我们都要做一个能与公司同舟共济的员工。这样，我们不仅能赢得公司的信赖，还能获得老板重用的机会，才能拓展自己的发展空间。

有人说，企业就像是一棵大树，而它的员工都是树上的叶子。只有大树不枯萎，员工才会有更美好的未来。如果连大树都倒下了，员工也必将从树枝上飘落。这充分说明了员工的发展只有在企业的快速发展中才能滋润。既然企业与员工的命运交织在一起，员工就必须懂得与企业共同成长、共同进退。

员工和企业共进退最直接的行为就是融入企业，和企业成为一个共同体。一个人一旦成为某个企业的一员，就必须接受企业既定的规则和人际关系等，并将它们变成自己的价值观念，把和企业共进退变成一种信仰，主动为企业的发展出谋划策，与企业同舟共济，始终坚持企业利益优先。

员工坚持和企业共进退的理念就会不遗余力地为企业努力工作，对企业下达的命令会绝对服从。无论在执行任务中遇到怎样的困难，他们也不会退缩，而是为了企业的利益继续坚持，竭尽全力地想出解决问题的办法，将任务彻底完成。

每一个优秀的员工都具有与企业公司共进退的职业精神，他们都能视公司的事为己任。他们怀着公司的未来就是自己的未来、公司的声誉也是自己的声誉的信仰。因为他们明白，企业发展好了，自己自然会有更好的发展空间和机会。企业所获取的利润多了，自己自然能从企业获得更多的利益。